▼
MP3 무료다운 www.ddstone.com
뜨인돌홈페이지〉독자마당〉DSL 자료실

여자를 위한 실전
여행영어

여자를 위한 실전 여행영어

초판 1쇄 펴냄 2015년 12월 28일

지은이 맹지나
펴낸이 고영은 박미숙

편집이사 인영아 | 기획 김영은
뜨인돌기획팀 박경수 김현정 김영은 이준희
뜨인돌어린이기획팀 이경화 여은영 | 디자인실 김세라 오경화
마케팅팀 오상욱 | 경영지원팀 김용만 엄경자

본문디자인 오인경 | 감수 알렉 포터

펴낸곳 뜨인돌출판(주) | 출판등록 1994.10.11(제300-2014-157호)
주소 03176 서울시 종로구 경희궁1길 10-1
홈페이지 www.ddstone.com | 블로그 blog.naver.com/ddstone1994
노빈손 www.nobinson.com | 페이스북 www.facebook.com/ddstone1994
대표전화 02-337-5252 | 팩스 02-337-5868

ISBN 978-89-5807-594-3 13740
CIP제어번호 : CIP2015034138

DSL은 뜨인돌출판(주)의 어학 전문 브랜드입니다.

AT THE AIRPORT

EMERGENCIES

여자를 위한

실전
여행영어

MAKING FRIENDS

SHOPPING

· 맹지나 지음 ·

TRANSPORTATION

DSL

저자의 말

원고를 마무리하려니 후련함과 아쉬움이 동시에 밀려옵니다.

하지만 그보다는 감사한 마음이 더 큽니다. 수년간 영어강의를 해 온 경력과 세계 각지를 여행하며 책을 출간한 여행작가로서의 경험을 한데 녹여 낸 소중하고도 특별한 기회였으니까요.

여행 문화가 많이 바뀌어 이제는 자유여행을 선호하는 사람들이 점점 늘고 있고, 그만큼 내가 하는 말이 과연 여행지에서 통할까 관심과 걱정도 커집니다. 여행을 하면서 자주 마주하게 되는 상황과 표현을 담았으니 '나의 여행을 미리보기 한다' 생각하고 많이 연습해 보시면 분명 도움이 될 거라 생각합니다.

여행지에서 말문을 열었으나 대화를 이어가지 못해 답답해하는 여행객들을 많이 보았습니다. 사실 "지하철역은 어떻게 가야 하나요?", "이건 얼마예요?" 이렇게 단순한 표현만 필요한 게 아니니까요. 교통카드를 충전해야 할 수도 있고 공항 가는 택시에 추가 요금이 있는지도 확인해야 합니다. 구입한 제품을 한국에서 애프터서비스 받을 수 있는지도 물어야 하지요. 그래서 기본적인 표현들은 물론 실제 상황에서 자주 쓰게 되는 구체적인 표현까지 꼼꼼하게 담아 보고 싶었습니다.

여자 여행자로서 자주 사용했던 단어와 필요를 느꼈던 표현들을 정리했기에 이 책에서는 같은 뜻이라도 좀 더 상냥하고 부드러운 어조를 띤 표현들을 보실 수 있습니다. 낯선 사람들과 문화 속에선 말 한마디로 천냥 빚을 갚는 상황이 종종 생기니까요. 또, 상황마다 좀 더 즐겁고 알찬 여행이 되도록 돕는 여행 팁도 아낌없이 넣었습니다.

여행만큼 그동안 갈고 닦은 영어 실력을 자연스레 사용해 볼 수 있는 기회도 없습니다. 자격증 시험을 위해 달달 외웠던 딱딱한 단어들 대신 제가 여행 중 보고 들은 -실제 상황에서 발췌해 옮겨다 놓은- 단어와 표현들을 유용하게 사용해 보시면 좋겠습니다.

더 기억에 남는, 보람된 여행을 돕는 든든한 한 권이 되기를 바라며….

2015년 겨울
맹지나

목 차

Chapter 1_공항에서 AT THE AIRPORT

1) 비행기에서 IN THE AIRPLANE
2) 보안검색대에서 SECURITY CHECK
3) 면세점 쇼핑하기 DUTY FREE SHOPPING
4) 입국심사 IMMIGRATION

Chapter 2_교통 TRANSPORTATION

1) 지도 읽기 READING MAPS
2) 길 찾기 FINDING YOUR WAY
3) 교통권 구매하기 BUYING TRANSPORTATION TICKETS
4) 기차/버스/지하철/택시에서 IN THE TRAIN/BUS/METRO/TAXI

Chapter 3_숙소에서 AT THE HOTEL

1) 체크인 CHECKING IN
2) 호텔 서비스 문의 및 요청하기 1 REQUESTING/INQUIRING HOTEL SERVICES 1
3) 호텔 서비스 문의 및 요청하기 2 REQUESTING/INQUIRING HOTEL SERVICES 2
4) 체크아웃 CHECKING OUT

Chapter 4_관광지에서 1 BEING A TOURIST 1

1) 사진 찍기 TAKING PHOTOS
2) 팸플릿 읽기 READING PAMPHLETS
3) 티켓 구매하기 BUYING TICKETS
4) 우체국에서 AT THE POST OFFICE

Chapter 9_응급 상황 EMERGENCIES

1) 아플 때 I'M SICK
2) 소매치기 당했을 때 I GOT ROBBED
3) 여권 분실 I LOST MY PASSPORT
4) 교통편을 놓쳤을 때 I MISSED MY TRAIN

Chapter 8_친구 사귀기 MAKING FRIENDS

1) 말 걸기, 인사 나누기 SAYING HELLO
2) 같이 점심 먹을래? DO YOU WANT TO HAVE LUNCH TOGETHER?
3) 이성과의 대화 TALKING TO BOYS
4) 추근대는 남자 단칼에 끊기 I'M NOT INTERESTED

Chapter 7_식당에서 AT RESTAURANTS

1) 주문하기 ORDERING
2) 주문 관련 대화 TALKING ABOUT MY ORDER
3) 식사 관련 대화 TALKING ABOUT THE FOOD
4) 계산하기 CAN I GET THE BILL, PLEASE?

Chapter 6_쇼핑 SHOPPING

1) 옷 가게에서 1 AT A CLOTHING STORE 1
2) 옷 가게에서 2 AT A CLOTHING STORE 2
3) 기념품 사기 BUYING SOUVENIRS
4) 계산하기 PAYING

Chapter 5_관광지에서 2 BEING A TOURIST 2

1) 화장실은 어디에 있나요? WHERE IS THE LADIES' ROOM?
2) 인포메이션 센터에서 AT THE INFORMATION CENTER
3) 투어 예약과 문의 RESERVING A TOUR PROGRAM
4) 투어 알차게 듣기 MAKING THE BEST OF IT

1 공항에서

AT THE AIRPORT

1 비행기에서
IN THE AIRPLANE

여행을 떠나는 길은 언제나 설레지요. 하지만 장거리 여행은 무척 고단합니다. 미국, 유럽의 주요 도시까지는 넉넉잡아 열 시간이 넘게 걸리는데 좌석은 또 얼마나 좁은지. 특히 공기가 건조해 발도 붓고, 피부 트러블도 생기고, 잠도 잘 오지 않지요. 그래서 준비했습니다. 조금이라도 편안한 비행을 위하여!

Travel words

cabin crew	기내 승무원 (=flight attendant)
call button	호출버튼
takeoff	이륙
landing	착륙
air sickness	비행기 멀미 차(택시, 버스 포함) 멀미 car sickness/뱃멀미 sea sickness
overhead compartment	좌석 위 짐칸
announcement	안내방송
passenger	승객
refreshments	간단한 다과
aisle seat	복도 쪽 좌석('에이즐'이 아니라 '아일'로 발음)

물 한 잔만 부탁합니다

Cabin crew Hello ma'am. Did you press the call button?
안녕하세요, 벨 누르셨나요?

Gina Yes. Could I please have a glass of water? I have a sudden cough.
네. 물 한 잔만 부탁할 수 있을까요? 갑자기 기침이 나서요.

Cabin crew I will be right with you. Anything else?
바로 가져다 드릴게요. 더 필요한 건 없으세요?

Gina I requested a vegetarian meal. Can you check to confirm?
채식 식단을 요청했는데 확인해 주실 수 있나요?

Cabin crew Sure. I will let you know when I bring you your water.
그럼요. 물 가져다 드리면서 알려 드릴게요.

Here's your water, and your vegetarian meal is confirmed.
물은 여기 있습니다. 그리고 요청하신 채식 식사도 확인했습니다.

Gina Thank you so much.
정말 감사합니다.

---

check to confirm (이미 결정된 사항을) 재확인하다

Travel Tip

음료 서빙 시간보다 앞서 음료를 주문할 때는 기침이 난다거나 하는 이유를 붙이는 게 좋아요. 그렇지 않으면 "잠시 후 음료를 서빙하니 조금만 기다려 주세요"라는 대답을 들을 수도 있어요. 하지만 매번 승무원에게 요청하기보다는 생수를 사 가지고 들어가는 걸 권해요. 기내가 굉장히 건조하기 때문에 저는 습관처럼 면세점에서 생수 두 병을 사 가지고 탑니다.

이어폰이 나오지 않아요

Gina **Excuse me, but my earphones aren't working.**
저, 제 이어폰이 나오지 않는데요.

Cabin crew **I will get you another pair.**
새로 가져다 드릴게요.

Gina **Oh, and can I use my laptop on board?**
아, 그리고 기내에서 노트북을 사용할 수 있나요?

Cabin crew **Yes. It's just before takeoff and landing you should have your electronic devices turned off. Anything else?**
네. 이륙과 착륙 전에만 전자기기 전원을 끄시면 되는 거라서요.
또 필요한 건 없으신가요?

Gina **A blanket would be nice, thank you.**
담요 하나 주시면 좋을 것 같아요.

Cabin crew **One blanket coming right up.**
담요 하나, 바로 가져다 드리겠습니다.

---

work 작동하다. 열쇠, 자물쇠와 같이 기계나 장치 류에 사용
on board 기내에서   **~would be nice** ~가 있으면 좋을 것 같다
coming right up 바로 가져다주다

가끔 비행 전날 아예 잠을 못 자기도 합니다. 이럴 땐 기내에서 레드 와인과 사이다를 섞어 마시고 바로 잠을 청해요. 그러곤 보통 10시간 후 일어나지요. 상공에서는 몸이 알코올에 훨씬 더 취약하여 잘 취하기 때문에 정~ 말 잠을 못 자는 분들에게만 추천하는 방법이에요.

멀미가 나요

Gina
Can I walk around the back for a while? Flights make me queasy.
뒤에서 조금 걸어도 되나요? 비행하면 속이 좀 안 좋아서요.

Cabin crew
No, I'm sorry. Once the pilot announces that we've reached our cruising altitude then you can get up.
죄송합니다. 기장이 순항 고도에 올랐다고 안내방송을 하면 그때 일어나실 수 있습니다.

Captain
Ladies and gentlemen, we're expecting some turbulence so please remain seated with your seatbelts on.
승객 여러분, 난기류가 예상되니 안전벨트를 착용하고 자리에 앉아 주세요.

Cabin crew
We are flying through a storm now. It might be a bumpy ride but don't worry, it will pass soon.
폭우를 뚫고 비행 중입니다. 꽤 흔들릴 테지만 걱정 마세요. 금방 지나갈 거예요.

Gina
Oh no, I think I'm air sick. Could I get my medicine from the overhead compartment?
오 이런, 비행기 멀미가 있는 것 같아요. 좌석 위 짐칸에서 약을 꺼낼 수 있을까요?

Cabin crew
Of course. I will help you with it.
물론이죠. 제가 도와 드릴게요.

---

queasy 욕지기 나는, 메스꺼운   **cruising altitude** 안전한 비행을 위한 적절한 해발 고도
turbulence 난기류   **a bumpy ride** 힘든, 험난한

두통, 치통, 생리통을 위한 간단한 약이라도 medicine을 쓰는 게 좋아요. pills도 무방하지만 (특히 the와 함께 사용하면) 종종 피임약이라는 뜻으로 이해되기도 하거든요. 절대 사용해서는 안 될 단어는 바로 drugs! 마약류를 이야기할 때 흔히 사용하는 단어기 때문입니다.

기내 면세품 구매하기

Announcement — Dear passengers, we would like to inform you that our cabin crew will soon be going around with duty free products. Feel free to order as they pass by.
승객 여러분, 곧 저희 기내 승무원들이 면세품을 가지고 지나갈 예정입니다. 자유롭게 주문해 주세요.

Gina — Excuse me, I'd like to purchase these earrings.
저, 이 귀걸이 사려고요.

Cabin crew — Sure. I have them right here.
네, 여기 있습니다.

Gina — Can I pay with dollars?
달러로 지불할 수 있나요?

Cabin crew — As you wish. Do you need a receipt?
그럼요. 영수증 필요하신가요?

Gina — Yes, please.
네, 주세요.

---

feel free to~ (자유롭게) ~ 하다 **as you wish** 물론(=of course)

인천공항 면세점에서는 유로, 달러, 원 모두 사용 가능하고 타 국가 공항에서는 달러를 사용할 수 있습니다. 그때 그때의 환율에 따라 실시간으로 계산하니 손해 보지 않아요. 어쨌든 수수료가 높은 공항 환전소에서 면세 쇼핑을 위한 환전을 하지 않도록 하세요.

more expressions

Excuse me, passing through.
실례합니다, 좀 지나갈게요.

Could I recline my seat?
의자 좀 눕혀도 될까요?

Please wake me up at mealtime.
식사 때 깨워 주세요.

I'm sorry but, do you have any menstrual pads?
죄송하지만 혹시 생리대 있으세요?
(I'm sorry but은 excuse me 대신 사용 가능한 표현. 곤란한 부탁을 할 때 사용하면 좋다)

What kind of soda/beer/wine do you have?
탄산음료/맥주/와인은 무엇 무엇이 있나요?

Could I have some extra napkins?
냅킨 하나 더 받을 수 있을까요?
(나누어 주는 걸 받으면서 좀 더 달라고 할 때는 extra 대신 more 사용)

We will be serving refreshments soon before the meal.
식사 전에 간단한 다과를 서빙할 예정입니다.

May I have an aisle seat, please?
복도 쪽 좌석으로 주시겠어요?

2 보안검색대에서
SECURITY CHECK

직항편이 아니라면 '환승'을 해야 하는데요, 이때 꼭 거쳐야 할 데가 보안검색대예요. 별일이 없는 한 바로 통과되지만 검사원이 따로 부르는 경우가 생기기도 하지요. 꽤 긴장되기도 하지만 별일 아닌 경우가 대부분이니 미리 겁낼 필요 없어요. 나아가 이런 상황에 유용한 표현들을 익혀 두었다면 더 당당할 수 있겠죠!

Travel words

security check	보안검사 공항에 따라 baggage screening, security screening, airport security 라고도 한다. 여기서 screening은 '걸러 내다, 잡아내다'라는 뉘앙스
security guard	보안요원
plastic container (or tray)	엑스레이 검사에 쓰는 플라스틱 바구니. 옷과 가방을 따로 담아야 한다
gate	탑승구
transit flight	환승편 비행기

검색대 앞에서

Security Guard
Please remove your shoes and belt and place them in the plastic container.
신발을 벗고 벨트를 풀어 플라스틱 통에 넣어 주세요.

Please place your jacket in another container.
외투는 따로 담아 주세요.

Do you have any liquid on you? Perfume, water?
지금 소지하고 있는 액체가 있습니까? 향수, 물?

Gina
A bottle of perfume I bought at the duty free shop.
면세점에서 산 향수 한 병이 있어요.

And I have a liquid medicine for my ulcer.
그리고 위궤양 때문에 물약이 있습니다.

---

place 여기서는 '놓다'라는 뜻의 동사(명사로는 '자리'라는 뜻)
have A on B B가 A를 소지하고 있다

Travel Tip

2014년 1월 31일부로 스위스를 제외한 모든 유럽 공항에서도 100ml 이상의 액체류 반입이 허용되었습니다. 술, 화장품 등이 모두 통과된다는 얘기지요. 단, 면세품은 최종 목적지에 도착할 때까지 면세 포장을 뜯으면 안 된다고 해요.

기내에서 쓸 화장품 등을 휴대하려면 100ml 이하의 병에 옮기고 플라스틱 지퍼백에 담도록 해요. 용기 1개당 100ml 이하여야 하며 총량은 1L를 넘지 않는 것이 규정입니다. 용기가 1개 이상이라면 가로, 세로 20cm 지퍼백에 용기들을 함께 담아야 합니다. 모든 용기를 담은 이 지퍼백이 완전히 잠겨야 반입이 가능합니다. 지퍼백을 준비하지 못했다면 공항 약국에서 구입할 수 있어요.

기내용 가방이 규격에 맞지 않을 때

Security Guard **I'm afraid you will need to check that bag.**
미안하지만 저 가방은 부쳐야 합니다.

Gina **Why? It's not that heavy.**
왜요? 그렇게 무겁지 않은데요.

Security Guard **It exceeds the length limit of our airport.**
우리 공항의 가방 제한 길이를 넘었습니다.

Gina **Oh, okay. Do I need to go out and line up again?**
오, 그렇군요. 나갔다가 줄을 다시 서야 하나요?
(짐을 부치고 다시 와야 하는 상황)

Security Guard **I'm afraid so.**
유감스럽게도 그렇습니다.

I'm afraid 미안하지만, 유감스러운 내용을 말할 때 사용
check (수하물을) 부치다
that + 형용사 그렇게까지 ~ 한, 그 정도로 ~한

보통 기내용 캐리어라면 어느 비행기에나 가지고 탈 수 있지만 항공사마다, 나라마다 규격 기준이 조금씩 다를 수 있어요. 대부분의 공항에는 탑승수속하는 곳에 가방을 넣어 볼 수 있는 틀이 마련되어 있는데, 그 속에 들어가는 가방이라면 가지고 탈 수 있어요. 공항에서 당황하지 않으려면 항공권을 예매할 때 항공사 홈페이지에서 확인하는 게 좋아요.

검색대에서 삐 소리가!

Security Guard **Come through and stand here, please.**
건너와서 여기 서 주세요.

Do you have any metal objects on you? You are not supposed to wear a belt.
소지 중인 금속 제품이 있습니까? 벨트 하시면 안 되는데요.

Gina **Oh, I think it's my watch.**
아, 제 시계인 것 같아요.

Security Guard **I'm afraid we are going to need to take another look.**
죄송하지만 한 번 더 보여 주셔야겠습니다.

Gina **Of course.**
물론이죠.

Security Guard **You are good to go. You can go through that yellow gate.**
이제 가셔도 좋습니다. 저 노란 문을 통해 나가세요.

---

come through 건너오다
go through 건너가다

검색대를 지날 때 부츠나 모자는 대부분 벗도록 하니 끈이 많거나 벗고 신기가 쉽지 않은 신발은 피하는 것이 좋아요. 검색대 앞에서 어느 줄에 설까 고민될 때 재빨리 사람들의 신발을 살펴보세요. 부츠가 유난히 많은 줄은 피하는 게 조금이라도 빨리 통과하는 요령!

more expressions

Do I place my bags here?
제 가방 여기 담는 것이 맞습니까?
(plastic container에 가방을 담으며 확인 차 묻는 말)

I can't find my passport. I placed it in the container.
여권을 찾을 수가 없어요. 이 통 안에 넣었는데요.
(검사원이 실수로 여권이 담긴 통을 정리했을 때 하는 말)

I'm afraid my transit flight has started boarding.
죄송하지만 제가 환승할 비행기가 탑승을 시작한 것 같아요.

I'm afraid I don't know where Gate 3 is.
게이트 3번이 어디 있는지 모르겠어요.

My flight isn't going to be that late, right?
비행기가 그렇게까지 늦어지지는 않겠지요?

My friend hasn't come through the security check yet.
제 친구가 아직 보안검색대를 통과하지 않았어요.
(일행이 무슨 이상이 생겨 검색대를 통과하지 못한 경우 문의하는 상황.
게이트에서 얼른 보딩을 하라고 재촉하는 승무원에게도 쓸 수 있음)

Oh, I think it's my earrings.
오, 제 귀걸이 때문인 것 같아요.

3 면세점 쇼핑하기
DUTY FREE SHOPPING

면세점 가면 이걸 꼭 사야지! 다짐하고 왔는데 한국에서 보지 못한 브랜드도 너무 많고 한국에서 판매하지 않던 상품들도 있으니 쇼핑 리스트가 무용지물이 되어 버리죠. 이번이 아니면 살 수 없을 것 같은데 무턱대고 지르기엔 가격이 만만찮고, 그냥 돌아서자니 눈앞에 아른거릴 것만 같은 이 느낌! 그러나 제한된 시간 동안 무료로 제공되는 무선 인터넷은 끊긴 지 오래. 인터넷으로 검색할 수 없다면 면세점 직원을 붙잡고 씩씩하게 물어봐요. 입을 여는 만큼 똑소리 나는 쇼핑을 할 수 있어요!

Travel words

discount	할인
limited	한정된, 한정품인 seasonal product 시즌 특별 상품
go well with~	~와 잘 어울리다
skin tone	피부 톤(=complexion)
department	부서(회사), 코너(백화점 또는 상점) cosmetics department 화장품 코너/clothing department 의류 코너
dress	원피스 투피스 two-piece/투피스 바지 정장 two-piece pant suit
compliment	돋보이게 하다
figure	숫자, 수치, 몸매 체형을 말할 때 body보다 더 적절
sample	(명)샘플, (동)발라 보다, 뿌려 보다

찾는 물건이 있을 때

Gina **Sorry, could you help me out here?**
저, 여기 좀 도와주시겠어요?

Shopkeeper **Sure, what can I do for you?**
그럼요. 뭘 도와 드릴까요?

Gina **I'm looking for the L'Oreal make up remover.**
로레알 메이크업 리무버를 찾고 있어요.

Shopkeeper **Oh, it's just around the corner. Come with me.**
저 코너만 돌면 돼요. 따라오세요.

---

help ~ out ~를 도와주다. 간단한 도움을 청할 때 사용하는 표현
around the corner 모퉁이를 돌아

Travel Tip

출국 시 허용 가능한 면세 한도를 미리 알아 두세요. 저는 어찌된 일인지 여행 갈 때 맞춰서 화장품이 한꺼번에 똑 떨어진답니다! 기초부터 색조까지 해결하려면 아무리 알뜰하게 담아도 면세 한도 $600이 아슬아슬. 출국 면세 한도뿐 아니라 우리나라에 입국할 때 출발 공항에서 허용하는 면세 한도도 숙지하세요. 초과했다면 입국 시 세관 신고를 잊지 않도록 합니다.

상품에 대해 질문하기

Gina
Excuse me. Could you help me with something?
실례합니다. 저 좀 도와주시겠어요?

Shopkeeper
Sure. Are you looking for anything special?
그럼요. 특별히 찾으시는 것 있나요?

Gina
When did this come out? Is it new?
이거 언제 출시됐어요? 새로 나왔나요?

Shopkeeper
Yes. It's the special limited edition lipstick. We're the only airport that stocks this product.
네. 특별 한정판 립스틱이에요. 이 공항에서만 판매하는 제품이구요.

Gina
Do you think the color would go well with my skin tone?
색이 제 피부 톤과 잘 어울릴까요?

Shopkeeper
Yes, it looks perfect.
완벽하게 잘 어울리시네요.

---

come out 출시되다 **stock** 상품을 갖춰 두고 있다

인천공항 면세점에 입점되어 있으니 다른 공항에도 당연히 있을 거라고 생각하는 건 오산이에요. 쇼핑 리스트를 작성할 때는 공항 홈페이지를 살펴보세요. 취항지에 따라, 큰 공항이라면 사용하는 터미널에 따라 입점되어 있는 브랜드를 명시하고 있어요. 브랜드별로 진행되는 이벤트 메뉴나 팝업 메뉴도 놓치지 않도록 해요.

어떤 것이 더 좋을까요?

Gina **I can't decide between these two.**
이 둘 중 어떤 걸 고를지 잘 모르겠어요.

Shopkeeper **Well, I think the pink one would look better on you.**
음, 전 핑크가 더 잘 어울리실 것 같아요.

Do you want to try both of them?
두 개 다 한번 발라 보실래요?

Gina **I'm in a hurry. My gate is about to close.**
시간이 없어서요. 게이트가 곧 닫히려 해요.

Shopkeeper **I really think you will like the pink more.**
분명 핑크색을 더 좋아하실 거라고 생각해요.

Gina **Then I will take your advice and get that one. Thank you!**
그럼 믿고 저걸로 살게요. 감사합니다!

Shopkeeper **My pleasure.**
천만에요.

---

decide between~ ~의 어느 하나로 결정을 내리다   **look better** 더 잘 어울리다
try 입어 보다, 발라 보다, 신어 보다   **get** 사다

뭘 고를지 망설여진다면 점원에게 조언을 구해요. 대개 친절하게 대답해 주고 영어도 알아듣기 쉽게 얘기해 줘요. 마음에 안 드는 것을 그냥 사오지 말고 궁금한 점은 이것저것 모두 물어보도록 해요.

할인받기

Shopkeeper **Do you know what you want?**
결정하셨나요?

Gina **Yes. This one. I'd like to pay with my credit card, please.**
네, 이걸로요. 신용카드로 결제하겠습니다.

Shopkeeper **No problem. Are you a member of ABC Duty Free Shop?**
문제 없습니다. ABC 면세점 회원이신가요?

Gina **Yes, I am.**
네, 그렇습니다.

Shopkeeper **Then you get 15% discount on all make up products.**
그러시면 모든 색조 제품에 대해 15% 할인받으실 수 있어요.

Gina **That's great. Do I need to show you my membership card?**
잘됐네요. 회원카드를 보여 드려야 하나요?

---

pay with~ ~로 지불하다
member of~ ~의 회원

우리는 기초 제품과 색조 제품을 모두 '화장품'이라 통칭하지만 영어로는 대부분의 경우 이 둘을 구분합니다. 색조는 make up products, 기초 화장품은 skin care products. 면세점에서 코너명을 살펴보세요.

+ more expressions

Can you tell me where the cosmetics department is?
화장품 코너가 어디 있는지 알려 주시겠어요?

Excuse me, could you help me find the Chanel store?
저, 샤넬 상점은 어디에 있는지 알려 주시겠어요?

Would this dress go well with tanned skin?
태닝한 피부에 이 원피스가 잘 어울릴까요?

That doesn't really compliment your figure. How about this one?
그건 손님 체형과 별로 어울리지 않네요. 이건 어떠세요?

It just came out last week, and this is the last one we have.
지난 주에 출시됐는데 마지막 하나 남았어요.

All sold out. This bag was a hit the moment it came out.
매진이에요. 이 가방은 출시될 때부터 히트 상품이었어요.

This is too watery.
(질감이) 너무 묽어요.

Do you have this in waterproof?
워터프루프로도 있나요?

Could I sample this perfume?
이 향수 시향해 볼 수 있을까요?

4 입국심사
IMMIGRATION

여행자를 가장 떨게 하는 순간은 바로 근엄한 표정의 입국심사관을 마주해야 할 때입니다. 벼르고 별러 오던 여행지에 발을 내딛기 전 마지막 관문이라 할 수 있지요! 입국이 거부되어 울거나 소란을 피우는 사람들이 있을 땐 더욱 긴장해서 알던 단어도 잊게 돼요. 하지만 입국심사장은 '웃는 낯에 침 못 뱉는다'는 말이 가장 잘 적용되는 곳이기도 합니다. 환한 미소와 함께 여권을 건네 보세요. 영미권이 아닌 곳에선 현지어 인사를 건네는 것이 큰 플러스가 됩니다!

Travel words

immigration officer	입국심사관
on my holidays	휴가 차 여행 중
return ticket	왕복 항공권의 귀국행 표
declare	(세관에) 신고하다
hotel information	호텔 정보
luggage	짐
resident	거주자 nonresident 비거주자

어떤 일로 오셨나요?

Immigration Officer **What's the purpose of the trip? Business? Pleasure?**
여행 목적이 무엇입니까? 출장인가요, 아니면 그냥 여행?

Gina **Yes, pleasure. I'm on my holidays.**
네, 휴가 차 왔어요.

Immigration Officer **Nice. Are you staying at a hotel?**
좋아요. 호텔에 묵으시나요?

Gina **Yes, I am. It's Holiday Inn, East London.**
네, 이스트 런던의 홀리데이 인에서요.

Immigration Officer **Could you write down the address of the hotel here?**
호텔 주소를 여기 적어 주세요.

Gina **Sure. Here you are.**
네, 여기 있습니다.

---

pleasure 여가(를 위한 여행)   **stay at~** ~에 머물다
write down 작성하다, 적어 내다

Travel Tip

정말 호텔 주소까지 물어보느냐고요? 입국심사가 까다롭기로 악명 높은 공항은 런던의 히드로(Heathrow)인데요. 몇 년 전에 친구 집에서 묵는다고 대답했다가 친구 이름과 생일, 집 전화번호와 핸드폰 번호도 대 보라는 말을 들었답니다.
2012 올림픽 때는 어찌나 깐깐했던지 입국심사 줄에서 네 시간을 기다리다 탈진한 사람도 있었어요. 그때만큼 EU 여권이 부러운 적도 없었지요. 런던 여행을 계획한다면 약간 더 신경을 써야 합니다. 월드컵, 올림픽과 같이 대규모 국제 행사를 치르는 도시를 여행할 때도요!

귀국 일정 답하기

Immigration Officer	**When are you returning to Seoul? Or are you going to another city from here?** 서울로는 언제 돌아갑니까? 여기에서 다른 도시로 이동하나요?
Gina	**Going home after a week here.** 여기에서 일주일을 보내고 돌아가요.
Immigration Officer	**So that's…** 그러면….
Gina	**Thursday, 7th.** 목요일, 7일에요.
Immigration Officer	**And you have your return ticket?** 돌아가는 비행기표는 있고요?
Gina	**Yes.** 네.
Immigration Officer	**Okay. No problem then.** 좋아요. 그럼 문제 없습니다. **Do you have anything to declare?** 세관 신고하실 물품은 있습니까?
Gina	**No.** 아니요.

편도표와 왕복표 값이 그리 차이가 나지 않기 때문에 편도를 끊어 여행하는 사람은 많지 않지요. 왕복 티켓팅을 권하는 또 다른 이유는 미국과 유럽 주요 국가들이 불법체류 가능성이 있는 여행자들을 굉장히 엄격히 다뤄서예요. 돌아올 날짜가 확실치 않다면 1개월, 3개월, 6개월, 12개월 기준의 오픈 티켓을 이용하는 게 좋아요. 간혹 날짜를 지정해 표를 구입한 다음 나중에 수수료를 물고 귀국일을 변경하는 것이 더 저렴하기도 하니 잘 비교해 보세요.

사진과 실물이 그렇게 다르단 말인가요?

Immigration Officer **This is you?**
이거 당신 맞아요?

Gina **The photo? Yes, that's me.**
사진 말인가요? 네, 저예요.

Immigration Officer ...

Gina **I'm just really tired from the flight.**
굉장히 피곤한 비행이어서 그래요.

Immigration Officer **...Haha, I was only kidding. Go right ahead.**
하하, 장난친 거예요. 가세요.

Gina **Thank you! You made me nervous for a second there.**
감사합니다! 잠깐 긴장했네요.

---

tired from~ ~ 때문에 피곤하다
nervous 긴장하다, 떨리다
for a second there 잠시 동안

창피하지만 이 에피소드 역시 장기 배낭여행 때 제가 직접 겪었던 일로, 여행 후반에는 입국심사 시간이 점점 길어지더라고요. 여권 사진을 찍을 때는 귀 뒤로 머리 넘기고 정직하게 찍어야 한다는 건 다들 알고 계시죠? 이 대화에서 알 수 있듯 사진이 비현실적으로 예쁘게 나오면 입국심사에서 돌발상황이 발생할 수 있다는 점도 기억하세요!

I'm on business.
출장 왔습니다.

I have the hotel information in my email. Hold on please.
이메일에 호텔 정보가 있어요. 잠시만요.

It's my first time in London. I love it already!
런던은 처음이에요. 벌써 마음에 들어요!
(티 안 나는 아부성 멘트가 필요할 때, 심사관이 여권을 유난히 오래 볼 때 쓸 만한 표현)

It's my second time in San Francisco. I missed it so much!
샌프란시스코는 두 번째예요. 그동안 얼마나 보고 싶었는지!

Did you pack your luggage yourself or did somebody help you?
본인이 직접 짐을 쌌나요 아니면 다른 사람이 도와주었나요?

I packed myself.
제가 직접 쌌지요.
(위의 질문에 대한 유일한 정답!)

Where will you be staying?
어디에서 묵을 겁니까?

I'm staying at the Holiday Inn.
홀리데이 인에서 묵어요.

Are you a legal EU resident?
법적인 EU 거주자입니까?

2 교통

TRANSPORTATION

1 지도 읽기
READING MAPS

한 블록이 도대체 얼마만큼인지, 관광사무소에서 얻은 무료 지도는 어떻게 활용해야 할지 막막한가요? 지도 얻기부터 지도 들고 길 묻기까지 다양한 표현들을 알아보아요.

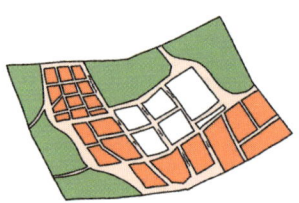

Travel words

passerby	행인
avenue	대로
street	STREET은 일반 도로, AVENUE는 더 넓고 큰 대로를 나타냄
station/stop	정류장
exit	출구
entrance	입구
block	블록 가로, 세로 대로가 교차하는 지점
subway/metro	지하철
area/district	구역, 동네 지도에 표시되어 있지 않지만 '차이나타운', '리틀이탈리'와 같이 지역의 특색에 따라 'OO동네', 'OO지역'이라 말할 때 사용

지도는 어디에서 받을 수 있나요?

Gina — **Excuse me, where can I get a city map?**
실례합니다. 시내 지도는 어디에서 얻을 수 있나요?

Passerby — **At the tourist information center. It's a couple of blocks from here.**
관광사무소에서요. 여기에서 두 블록 가면 나와요.

Gina — **Thank you so much.**
감사합니다.

Information Center — **May I help you?**
무엇을 도와 드릴까요?

Gina — **Hello, I'm looking for a city map.**
안녕하세요. 시내 지도를 받아 보려 하는데요.

Information Center — **We have two kinds; this one is for free and a more detailed one is 5 dollars.**
두 종류가 있는데요. 이건 무료 지도이고 좀 더 자세한 것은 5달러입니다.

It's laminated so it won't rip even if you fold it.
코팅이 되어 있어서 접어도 찢어지지 않아요.

Gina — **I'll take this one, thank you.**
이거 가지고 갈게요. 감사합니다.

---

a couple of ~ 둘의, 한 쌍의   **rip** 찢어지다

Travel Tip

큰 역이나 공항, 시가지에 위치한 대부분의 관광사무소에서는 시내 지도를 무료로 배포합니다. 저는 처음 여행하는 도시는 혹시나 하여 Google에서 미리 큰 사이즈의 지도를 다운 받아 가지만 실제로 사용한 경우는 없었어요. 무료 지도만으로도 충분하답니다.

지도에서 현재 위치 찾기

Gina   **Excuse me sir, I'm lost. Could you help me?**
죄송합니다. 길을 잃었는데 도와주실 수 있나요?

Passerby   **Sure. Where are you trying to go?**
네. 어디 가려고 하는데요?

Gina   **Oh, no. I'm just trying to find out where I am right now.**
아, 아니요. 저는 그냥 제가 지금 어디에 있는지 알고 싶어요.

Passerby   **Oh, alright. Well, let me see… here is Central Park so… we're here.**
그렇군요. 어디 보자… 여기가 센트럴 파크니까… 우린 여기에 있어요.

Gina   **So if I go straight ahead it's Central Park?**
그럼 여기서 직진하면 센트럴 파크가 나온다는 건가요?

Passerby   **Yes. It's just a 10 minute walk.**
네. 10분만 걸어가면 나와요.

---

go straight 직진하다   **a ~ minute walk** ~분 걸어가면 되는 거리

하루가 멀다 하고 기이한 사건들이 벌어져서인지 세상이 참 각박해졌어요. 외국도 다를 바 없습니다. 모르는 사람이 말을 걸면 우선 무시하고 지나가는 경우가 많습니다. 대도시가 특히 그래요. 그렇기 때문에 도움을 달라는 말로 시작하기보다 길을 잃었다고 먼저 말 거는 목적을 밝히는 게 좋아요. 도움 받을 가능성을 높이는 노하우라고나 할까요.

지도 위 목적지 찾기

Gina
Could you help me find Lorenzo's Pizza on my map?
(지도를 내밀며) Lorenzo's Pizza 가게를 찾는데 좀 도와주실래요?

Passerby
Which one? There are like, 5 in the city.
어떤 거요? 이 도시에 음, 다섯 개 정도는 있는데요.

Gina
Um, the biggest one? Inside the mall?
저, 가장 큰 곳인데요. 백화점 안에 있는?

Passerby
Oh, I know where it is. It's very close.
아, 어딘지 알아요. 매우 가까워요.

(pointing) We're here right now, and if you go straight ahead two blocks, turn left here, walk down the road for about, 300m, and it will be on your right.
(가리키며) 우린 지금 여기에 있으니 직진해서 두 블록 가서 왼쪽으로 꺾어 약 300m 정도 내려가면 오른쪽에 보일 거예요.

You see the sign M? That's the metro–it's right next to the metro exit. Did you get all that?
M 표시 보이죠? 그게 메트로 표시인데 메트로 출구 바로 옆에 있어요. 전부 이해됐나요?

Gina
Yes. Straight, left, 300m, on my right. Right?
네. 직진, 왼쪽, 300m, 오른쪽에. 맞지요?

Passerby
Perfect. Have a pepperoni. They have the best pepperoni ever.
완벽해요. 가서 페퍼로니 먹어요. 거기 페퍼로니가 진짜 맛있어요.

Which one 어떤 것
Did you get all that? 전부 다 이해되었나요?
A has/have the best B ever A는 최고의 B를 판매한다

more expressions

Could I ask you for directions?
길을 좀 물어봐도 될까요?

My hotel is only a 5 minute walk from the station. I love the location.
제 호텔은 역에서 걸어서 5분 거리에 있어요. 위치가 정말 좋아요.

I don't see any bus stations on the map. Do you have a separate bus map?
이 지도에 버스 정류장은 보이지 않습니다. 버스 지도가 따로 있나요?

Could you please mark the location of the hotel on my map?
제 지도에 호텔 위치를 표시해 주시겠어요?

Can I walk to the exit from here?
여기에서 출구까지 걸어갈 수 있나요?

Could I please have another map? The one I had ripped.
지도 하나 더 받을 수 있을까요? 가지고 있던 게 찢어져서요.

How long does it take to walk 5 blocks?
다섯 블록을 걸어가는 데 시간이 얼마나 걸리나요?

I'm sorry, I didn't get all that. Could you repeat?
죄송하지만 전부 이해하지는 못했어요. 한 번 더 말씀해 주시겠어요?

Are you familiar with this area?
이 지역 잘 아세요?

2 길 찾기
FINDING YOUR WAY

여행지에서 어디가 어딘지 모를 때의 난감함이란! 거기에 말까지 안 통한다면 정말 길 한복판에 주저앉고 싶지요. 하지만 걱정할 필요 없어요. 길 묻기 필수 표현들이 여러분의 여행에 날개를 달아 줄 거예요!

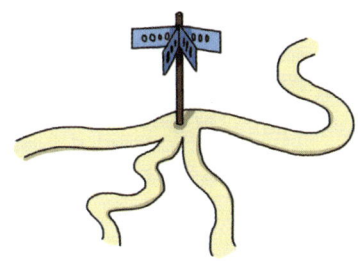

Travel words

far	멀다
close/near	가깝다
take	(지하철, 기차, 비행기, 버스 등 그 외의 교통편) 타다
ride	(트럭, 오토바이, 스쿠터, 자전거) 타다 ex) I ride the bicycle to school 나 학교에 자전거 타고 다녀
drive	(자동차) 타다 자동차를 제외하고 내가 소유하는 교통편인 경우 ride, 그렇지 않은 경우 take를 사용한다고 기억하면 쉬움

길 묻기

Gina
I'm trying to get to the La Fayette Department Store.
라파예트 백화점으로 가려고 하는데요.

Passerby
From here… you can't walk, it's too far.
여기에서… 걸어갈 수는 없어요. 너무 멀어요.

Gina
Oh, so do I have to take the subway?
아, 그럼 지하철을 타야 하나요?

Passerby
No, bus is much faster.
아니요. 버스가 훨씬 빨라요.

You can take no. 33 from this station and it's like, 2 or 3 stops.
여기 정류장에서 33번을 타고 두세 정류장 정도 가면 돼요.

Gina
Thank you so much!
정말 감사합니다!

I'm trying to get to~ ~로 가려고 하다

○○는 어떻게 가나요?

Gina
Excuse me, How do I get to Main Street?
실례합니다. 메인 스트리트는 어떻게 가야 하나요?

Passerby
Follow me. I'll show you the way.
따라오세요. 길을 안내해 드릴게요.

Gina
Oh no, I'm not going there right away. I'm waiting for a friend now.
오, 아니요. 지금 당장 가려는 것이 아니에요. 지금은 친구를 기다리고 있어요.

Passerby
Do you want me to draw you a map?
약도를 그려 드릴까요?

Gina
That would be perfect. You saved my day.
그럼 정말 좋겠어요. 정말 큰 도움을 주셨어요.

Passerby
It's nothing.
별일 아닌데요 뭐.

How do I get to~? ~로 어떻게 가죠?
right away 지금 당장
You saved my day 정말 큰 도움이 되었습니다

Travel Tip

골목에서 길을 물었을 때 상대방이 큰 대로가 나올 때까지 앞장서 가 주는 경우가 있습니다. 하지만 굳이 그럴 필요가 없는데 같이 가려고 하거나 너무 가까이에서 걷거나 손, 팔을 잡는 등 불편하게 행동한다면 도움이 필요 없어졌다고 말하고 서둘러 방향을 달리해 가세요. "Actually, I'm alright thank you."(있잖아요, 저 이제 괜찮습니다)라고 하면 됩니다.

이 근처에 ○○이 있나요?

Gina Excuse me, is there a bank near here?
저, 이 근처에 은행이 있나요?

Passerby Not near here… you will have to go to the main train station. This is a very small town.
이 근처에는 없어요… 중앙역으로 가야 할 것 같은데요. 여긴 굉장히 작은 동네라서요.

Take any bus, they are all headed there.
아무 버스나 타도 모두 그리로 가요.

But it's Saturday today. It won't be open.
하지만 오늘은 토요일이니 문 닫았을 거예요.

Gina Oh, I need the ATM.
오, 현금인출기가 필요해서요.

Passerby The ATM will still be working. Don't worry.
현금인출기는 될 겁니다. 걱정 마세요.

Gina Thank you.
감사합니다.

Passerby No problem. Make sure you ask the bus driver when you get on the bus and double check.
뭘요. 버스에 타면 운전사에게 한 번 더 확인하세요.

---

head~ ~로 향하다
make sure~ 확실하게 하다

more expressions

Could you draw me a map?
약도를 그려 주시겠어요?

I have no idea where I am.
지금 이곳이 어디인지 전혀 모르겠어요.

I have no idea where the post office/the hospital is.
병원이/우체국이 어디에 있는지 전혀 모르겠어요. (가고 싶은 장소를 묻는 표현)

Where is the closest pharmacy/information center?
가장 가까운 약국은/인포메이션 센터는 어디에 있나요?

What is the easiest/quickest/best way to the airport?
공항에 가는 가장 쉬운 길/빠른 길/좋은 길은 어디인가요?

go left 왼쪽으로 가세요
go right 오른쪽으로 가세요
go straight 직진하세요(평지에서)
go up 직진하세요(오르막길에서)

turn left 왼쪽으로 꺾으세요
turn right 오른쪽으로 꺾으세요
go down 직진하세요(내리막길에서)
go through 통과하세요

3 교통권 구매하기
BUYING TRANSPORTATION TICKETS

한국에서는 귀에 이어폰을 꽂고 문자를 보내면서도 할 수 있는 표 끊기. 외국에서는 왜 온 정신을 집중하고도 쩔쩔매게 될까요? 그러다 자연스럽게 표를 끊게 되는 날이 오면 스스로가 그렇게 대견할 수 없지요. 기계가 step-by-step으로 알려 주기는 하지만, 직접 표를 구매할 때 또 기계가 말을 듣지 않거나 안내문을 잘 이해할 수 없을 때 쓸 만한 표현들을 알아보아요.

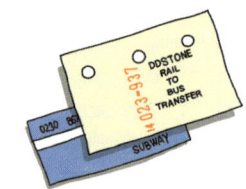

Travel words

metro employee	지하철 직원
put in	(돈을) 넣다 (=insert)
metro ticket	지하철표
store clerk	가게 점원
pass	정기권
first train	첫차
last train	막차

기계가 돈을 먹었을 때

Gina **Sorry, but the machine ate my money.**
죄송한데 기계가 제 돈을 먹었어요.

Metro employee **(fixing) How much did you put in?**
(고치며) 얼마를 넣었지요?

Gina **50 cents.**
50센트요.

Metro employee **Here you are. Now, what did you want?**
여기 있어요. 자, 뭘 사려고 했지요?

Gina **One metro ticket, please.**
지하철표 한 장요.

Metro employee **That will be $1.50.**
1달러 50센트입니다.

Gina **(paying) I'm sorry, I don't have any change.**
(지불하며) 죄송해요. 잔돈이 하나도 없네요.

Metro employee **That's alright. Here's $18.50.**
괜찮아요. 18달러 50센트 여기 있습니다.

The machine ate my money 기계가 돈을 먹었다
That will be ~ ~입니다(가격을 말할 때)   **change** 잔돈

5달러도 안 되는 물건을 사면서 100달러 지폐를 냈다간 면박을 당할 수 있어요. 사소한 팁이지만, 큰돈을 낼 때 미안하다고 말하면 상대방도 좀 부드러워지는 경우가 많습니다. 숙박비 등 큰돈을 사용할 일이 없다면 소액권으로만 가져가는 것이 제일 좋겠지요.

잔돈을 바꿔야 할 때

Gina
Excuse me. Could you break my 20?
저 죄송한데, 20달러(유로)를 잔돈으로 바꿔 주실 수 있나요?

Store clerk
Sure. 2 tens?
그래요. 10달러짜리 두 장으로요?

Gina
Actually, 4 fives would be perfect.
음, 5달러짜리 네 장이면 정말 좋겠는데요.

Store clerk
I don't have any fives… it's so early in the morning.
5달러짜리는 하나도 없네요…. 아직 시간이 일러서요.

Gina
Then 2 tens, please. Thank you so much.
그럼 10달러짜리 두 장으로 부탁할게요. 정말 감사합니다.

---

break 큰돈을 더 작은 화폐 단위로 바꾸다
2 tens 10달러짜리 두 장. 지폐나 동전의 개수를 이야기할 때는 '개수 + (단위 빼고)지폐/동전'

Travel Tip

여행 중에는, 특히 여름에는 생수를 들고 다니세요. 작은 생수를 하루 한 번씩 구입하는 건 잔돈을 바꾸는 방법으로도 그만이지요. 슈퍼마켓에서는 일반 상점보다 큰 단위 지폐를 내미는 것이 눈치 보이지 않아요.

정액권 구매와 학생 할인

Gina   **One 5-day pass, please.**
5일 패스 한 장 부탁합니다.

Metro employee   **Are you a student?**
학생인가요?

Gina   **I'm a graduate student. Can I get a discount?**
대학원생인데요. 할인이 되나요?

Metro employee   **If you are under 26 years old, yes.**
26세 이하면 가능합니다.

Gina   **I have my student card. Does this work?**
학생증 여기 있는데, 이걸로 되나요?

Metro employee   **If it has your birthday on it, then yes. That will be 10 dollars plus 5 dollars for deposit.**
생년월일이 기입되어 있다면, 되지요. 다 해서 10달러에 보증금 5달러입니다.

5-day pass 5일권
graduate student 대학원생   **deposit** 보증금

미주와 유럽 많은 나라들은 박물관, 미술관, 왕궁들이 제각각의 요금 체계를 가지고 있어요. 학생 할인이 있는 경우도 있고 나이로 할인을 제공해 주는 경우도 있으며 학생 신분과 나이를 모두 충족시켜야 하는 경우도 있지요. 공식적으로는 국제 학생증을 반드시 제시해야 하지만 학생임을 나타내는 UNIVERSITY, COLLEGE라는 영어 표기가 국내 학생증에 명시되어 있고 생년월일이 표시되어 있으면 봐주는 경우도 간혹 있습니다. 국제 학생증이 없다고 포기하지 말고 혹시 모르니 국내 학생증이라도 내밀어 봐요.

교통권 충전하기

Gina — **I'd like to top up my card, please.**
카드를 충전하려 하는데요.

Metro employee — **For how much?**
얼마나요?

Gina — **10 pounds, thank you.**
10파운드어치요. 감사합니다.

Metro employee — **Sure. There you are.**
천만에요. 여기 있습니다.

Gina — **Can you tell me until when I can use it? I forgot.**
언제까지 사용 가능한가요? 잊어버려서요.

Metro employee — **You have 3 more days left, including today.**
오늘까지 포함해서 3일 남았습니다.

---

top up 충전하다   **until when** 언제까지

정액권을 살 때는 대부분 카드 deposit을 받아요. 여행을 마치고 돌아갈 때 대부분 카드를 반환하고 보증금을 돌려받을 수 있지만 저를 비롯하여 일부 여행자들은 기념품으로 그냥 가져오기도 합니다.

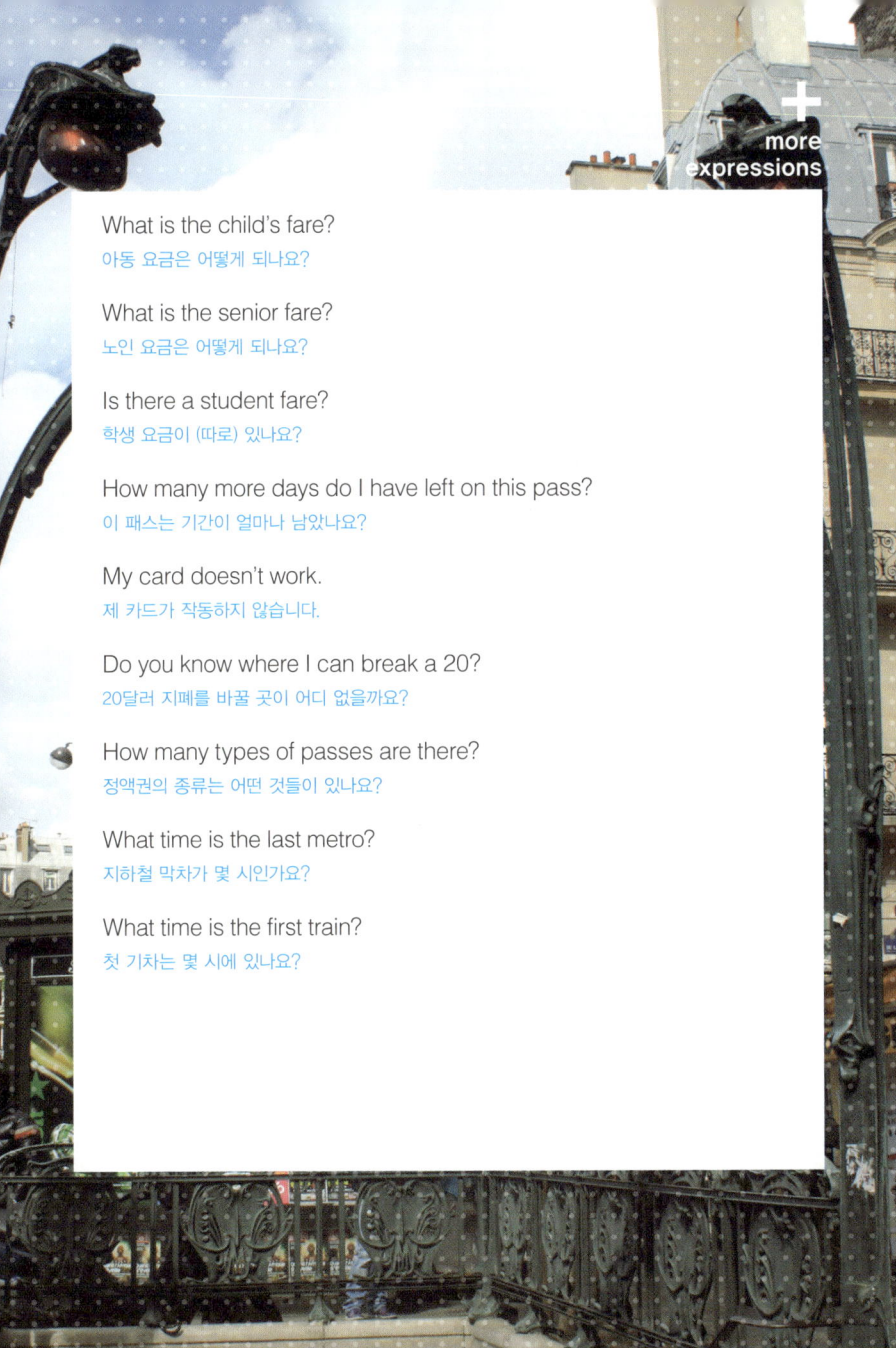

+ more expressions

What is the child's fare?
아동 요금은 어떻게 되나요?

What is the senior fare?
노인 요금은 어떻게 되나요?

Is there a student fare?
학생 요금이 (따로) 있나요?

How many more days do I have left on this pass?
이 패스는 기간이 얼마나 남았나요?

My card doesn't work.
제 카드가 작동하지 않습니다.

Do you know where I can break a 20?
20달러 지폐를 바꿀 곳이 어디 없을까요?

How many types of passes are there?
정액권의 종류는 어떤 것들이 있나요?

What time is the last metro?
지하철 막차가 몇 시인가요?

What time is the first train?
첫 기차는 몇 시에 있나요?

4 기차/버스/지하철/택시에서
IN THE TRAIN/BUS/METRO/TAXI

드디어 무사히 표를 사고 승차까지 완료! 하지만 긴장을 풀기는 아직 이르죠. 내릴 곳을 확인하고, 내 좌석에 앉은 사람에게 자리를 비켜 달라 말하고, 택시 요금을 확인하고…. 생각보다 다양한 이야기를 하게 될 수 있어요. 본문 속 상황으로 들어가 유용한 표현들을 익혀 보아요.

Travel words

sit behind~	~의 뒤에 앉다 sit in front of~ ~의 앞에 앉다/sit next to~ ~의 옆에 앉다
get off	내리다 get on 타다
charge extra	추가 요금을 청구하다
exchang rate	환율
meter	미터기

내리는 정류장 확인하기

Gina
Excuse me madam, how many stops does it take to get to the stadium?
실례합니다. 스타디움으로 가려면 정류장 몇 개를 지나야 하나요?

Passenger
The bus will make 10 more stops from now, and it's the second last one.
앞으로 열 정류장 남았어요. 종점에서 두 번째 정류장이에요.

Gina
Thank you. 감사합니다.

Passenger
**Sit behind me.
I will let you know when you have to get off.**
내 뒤에 앉아요. 언제 내려야 할지 알려 줄게요.

Gina
Thank you so much!
정말 감사합니다!

Passenger
You're welcome.
천만에요.

---

madam 여성을 부르는 정중한 표현(=ma'am)
second last 마지막에서 두 번째
let you know 알려 주다. tell보다 훨씬 더 다정한 표현

Travel Tip

여행지에서 대중교통을 이용할 때는 어디에서 내려야 하는지가 가장 신경 쓰이지요. 문 닫히기 직전에야 내려야 하는 걸 깨달을 수도 있으니 출구 가까이 앉는 게 좋아요. 또, 벨을 누르지 않으면 정류장을 지나치는 경우도 있으니 기내 방송이나 전광판 안내에 집중하도록 합니다. 주의할 점은, 티켓을 기계에 찍을 때나 돈을 지불하면서 묻는 경우가 아니라면 언제나 질문은 다른 승객한테 해야 한다는 거예요. '기사에게 말 걸지 마세요'(DO NOT TALK TO THE DRIVER)라는 표시를 해 둔 곳도 있습니다.

안내방송 듣고 다시 한 번 확인하기

Announcement
Ladies and gentlemen, may I have your attention please. The Night Express is now arriving on track 2.
안내방송입니다. 심야 급행이 2번 트랙으로 들어오고 있습니다.

It will leave for Paris in 15 minutes without delay.
15분 후 지연 없이 파리로 출발할 예정입니다.

Please have your documents ready and get ready to board the train. Thank you.
표와 신분증을 챙겨 탑승 준비를 해 주십시오. 감사합니다.

Gina
Does this train stop at the Sants station?
이 열차가 산츠 역에 서는 것 맞나요?

Station employee
Yes, it does. Make sure you stamp your ticket before you go on the train.
네, 맞습니다. 타기 전에 표에 꼭 스탬프를 찍고 타세요.

Gina
Of course. Thank you.
네, 감사합니다.

---

leave for~ ~로 떠나다   **document** 필요한 서류. 여기선 ticket과 ID를 말함
stamp (티켓에) 스탬프를 찍다

유럽 열차는 플랫폼에 비치된 작은 박스에 티켓을 넣고 출발역 이름과 시간을 찍어야 합니다. 첫 사용하는 표임을 표시하는 거예요. e-ticket 또는 유레일 패스나 국가 패스 등을 사용하는 경우는 필요 없지만요.
또, 종점이 아니라 중간에 내리는 경우라면 반드시 기차가 멈추는 정류장인지 확인해야 합니다. 역마다 Departure 표시가 된 전광판과 큰 포스터에 경유하는 역들을 표시하고 있어요. 저는 늘 플랫폼 부근이나 기차 앞에 서 있는 역무원에게 한 번 더 물어봅니다.

옆 사람과의 대화

Gina   **Excuse me, sir? I think you're in my seat.**
저, 실례합니다만 제 자리에 앉아 계신 것 같습니다.

Man   **Oh, I'm sorry. I didn't know it was reserved. (pointing to another seat) May I sit here?**
오, 예약된 좌석인 줄 몰랐습니다.
(다른 좌석을 가리키며) 여기 앉아도 될까요?

Gina   **Sure, go ahead.**
물론이죠. 앉으세요.

내리면서 I

Gina   **I'm getting off at the next stop. Would you like my seat?**
저 다음 역에 내리는데요. 제 자리에 앉으실래요?

Man   **Thank you but I'm getting off at Santa Maria Novella too.**
감사합니다. 하지만 저도 산타 마리아 노벨라에서 내려요.

내리면서 II

Gina   **Sorry, but this is my stop.**
죄송합니다. 이번에 내려요.
(안쪽에 앉아 있을 때 내릴 수 있게 비켜 달라는 의미로 옆 사람에게 하는 표현)

This is my stop 이번에 내립니다

여행지로 유명한 도시 간 구간은 예약을 하는 것이 좋습니다. 만석인 경우 서서 가야 하니까요. 기차의 경우, 보통요금을 지불하면 빈 좌석에 앉을 수 있고요, 요금을 조금 더 지불하면 좌석을 지정할 수 있습니다. 인터넷으로 예약하면 요금이 저렴하고 일찍 할수록 할인 폭도 크니, 속 편하게 예약하고 가세요.

택시 잡기, 목적지 말하기

Passenger Good morning! Do you charge extra to get to the airport?
안녕하세요! 공항 가는 데 추가 요금이 있나요?

Driver Morning, and no, but for luggage it's five dollars per bag.
안녕하세요. 추가 요금은 없습니다. 하지만 짐이 있으면 개당 5달러입니다.

Passenger Can I pay with euro? What's the exchange rate?
유로로 내도 되나요? 환율은 어떻게 되나요?

Driver Of course. It's one euro for one dollar.
그럼요. 1달러는 1유로로 받습니다.

출발 후

Passenger Sorry, but is the meter running?
죄송한데, 미터기 작동 중인가요?

목적지 도착

Passenger Can you drop me off here? I'm leaving from Terminal 1. And may I have a receipt please?
여기 내려 주세요. 터미널 1에서 출발하거든요. 그리고 영수증도 부탁합니다.

Driver Here you go.
여기 있습니다.

Passenger Thanks, and keep the change!
감사합니다. 잔돈은 그냥 두세요!

---

per 1개(인)당　**run** 작동하다
drop me off~ ~에 내려 주세요
keep the change 잔돈은 그냥 두세요

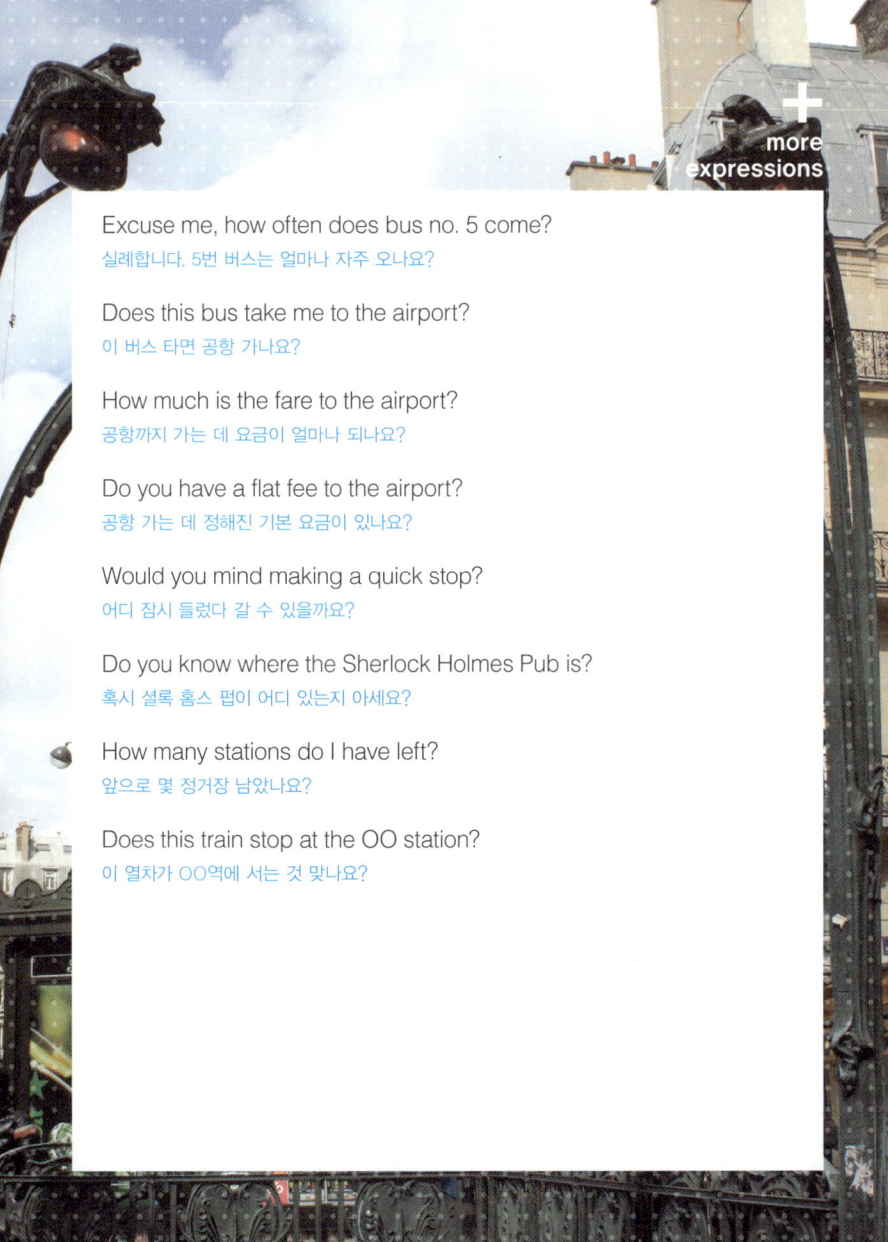

more expressions

Excuse me, how often does bus no. 5 come?
실례합니다. 5번 버스는 얼마나 자주 오나요?

Does this bus take me to the airport?
이 버스 타면 공항 가나요?

How much is the fare to the airport?
공항까지 가는 데 요금이 얼마나 되나요?

Do you have a flat fee to the airport?
공항 가는 데 정해진 기본 요금이 있나요?

Would you mind making a quick stop?
어디 잠시 들렀다 갈 수 있을까요?

Do you know where the Sherlock Holmes Pub is?
혹시 셜록 홈스 펍이 어디 있는지 아세요?

How many stations do I have left?
앞으로 몇 정거장 남았나요?

Does this train stop at the OO station?
이 열차가 OO역에 서는 것 맞나요?

3 숙소에서

AT THE HOTEL

1 체크인
CHECKING IN

드디어 숙소 도착! 공항에서도, 역에서도, 긴장을 늦출 수 없었으니 아마 녹초가 되어 도착했을 거예요. 하지만 와이파이 비밀번호도 물어봐야 하고 조식은 어디에서, 몇 시부터 먹을 수 있는지도 알아야 하고…. 아무리 피곤해도 챙길 건 챙겨야겠죠?

Travel words

reservation	예약
signal	(통화/인터넷) 신호
suite room	스위트룸
regular room	일반 객실
booking	예약
for 1 night	1박당
extra bed	추가 침대
upgrade	업그레이드
bathtub	욕조 외국 호텔에는 욕조가 딸린 방이 그리 많지 않음. 목욕을 원한다면 예약 및 체크인 시 'bathtub'이 있는지 확인 필수!

개인정보 확인하기

Front Desk **Welcome. Do you have a reservation?**
환영합니다. 예약하셨나요?

Gina **Yes. It's Gi Na Maeng.**
네. 맹지나입니다.

Front Desk **Could you spell that please?**
철자를 말씀해 주시겠어요?

Gina **Yes. It's G-I, N-A, and the surname is M-A-E-N-G.**
네. G-I, N-A이고요. 성은 M-A-E-N-G입니다.

Front Desk **There you are. Okay. Could I have your passport please?**
여기 있네요. 네. 여권 부탁 드립니다.

You are all checked in. Here is your room key.
체크인 완료하였습니다. 방 열쇠 여기 있습니다.

---

spell 철자를 말하다
surname 성

Travel Tip

'혜'나 '희'같이 외국인들이 발음하기 매우 어려운 글자들은 "혜, H-Y-E"와 같이 철자를 알려 주면 데스크에서 무척 고마워한답니다. 저의 경우는 영어, 한글 이름이 같아서 이름을 말하면 "그럼 네 한국 이름은 뭐야?"라는 되물음을 셋에 한 번은 받아요. 매번 그게 한국 이름이라고 말하는 게 귀찮기도 하지만 아무리 따라 해도 안 되는 발음을 가르치는 것보단 낫겠다 싶기도 해요.

와이파이 비밀번호가 뭐에요?

Gina **Excuse me. Do I need a password for the wi-fi?**
저, 무선 인터넷은 비밀번호가 필요한가요?

Front Desk **Yes. It's HOTELABC, and three zeros.**
네. HOTELABC에 숫자 0이 세 개입니다.

Gina **Do I get the signal in my room as well?**
방에서도 신호가 잡히나요?

Front Desk **Yes, but it's much stronger in the lobby.**
네. 하지만 로비에서 훨씬 더 잘 잡힙니다.

Gina **Thank you.**
감사합니다.

Do I need a password for~ ~에 비밀번호가 필요합니까?
strong 강하다. 인터넷이나 전화 신호가 약하다, 강하다 할 때는 weak/strong으로 표현

IT 강국 국민의 유일한 단점은 바로 외국의 인터넷 속도에 적응할 수 없다는 것이죠. 그렇다고 비싼 데이터 로밍 요금제를 여행 내내 사용할 수도 없고요. TT 참고로 인터넷은 호스텔이 호텔보다 빠릅니다. 또 호스텔에서는 무료로 PC를 제공하거나 인터넷을 무료로 사용할 수 있는데, 어떤 호텔은 1박당 인터넷 요금을 따로 부가하기도 합니다. 인터넷 이용자 수가 비교적 적은 새벽에 사용하면 조금이나마 더 빠르게 이용할 수 있으니 참고하시고요. 로밍도 한국의 LTE 속도를 기대하면 안 돼요. 한국 인터넷 속도와 같진 않기 때문에 느린 건 감안해야 한답니다.

방을 업그레이드 할 수 있나요?

Front Desk
We have some free suite rooms this week. If you pay 15 euro per night more, you can upgrade your room.
이번 주에는 빈 스위트룸이 몇 개 있습니다. 1박당 15유로씩 더 지불하시면 방을 업그레이드 하실 수 있어요.

Gina
All throughout my stay?
제가 머무는 기간 내내요?

Front Desk
Yes.
네.

Gina
How much is the suite room usually?
원래는 스위트룸 가격이 어떻게 되나요?

Front Desk
It's usually 50 euro more expensive than regular rooms.
원래는 일반 객실보다 50유로로 더 비쌉니다.

Gina
Can I upgrade it just for the last two nights?
마지막 2박만 업그레이드 할 수 있나요?

Front Desk
Of course. We can do that.
그럼요. 그렇게 해 드릴게요.

---

throughout 내내
last two 마지막 두 개

비성수기의 경우 특히 방 업그레이드를 권유받을 수 있습니다. 더 넓은 방, 더 좋은 서비스를 원한다면 굉장히 좋은 기회가 될 테지만 원래 가격이 얼마인지 반드시 물어봐야 바가지를 쓰지 않을 수 있어요.

1박 연장이 가능할까요?

Gina
: Excuse me, but my flight to London got cancelled. I have to fly out a day later.
저, 런던으로 가는 제 비행기가 결항되었습니다. 하루 더 있다가 출국하게 되었는데요.

Could I extend my stay for one day?
1박 연장이 가능할까요?

Front Desk
: Let's see. Hold on a minute please.
어디 보자. 잠시만 기다려 주세요.

You can do that, but you will have to switch rooms because we already have a booking for the room you have now.
가능하지만 방은 바꾸셔야 합니다. 지금 사용 중이신 방에 이미 예약이 있어서요.

Gina
: Okay. That's not a problem.
Is the price of the room same?
네. 문제 없습니다. 방 가격은 동일한가요?

Front Desk
: It's 5 dollars more expensive than your current room.
현재 방보다 5달러 더 비쌉니다.

Gina
: That's alright too. I'm just glad I have a room. Thank you.
그것도 괜찮습니다. 방이 있는 게 어디예요. 감사합니다.

Front Desk
: Don't worry about it.
천만에요.

—

fly out 출국하다 **extend** 연장하다
switch 바꾸다 **current** 현재의

+ more expressions

Hello, I'm here a little early.
안녕하세요. 조금 일찍 도착했습니다.

I lost my passport at the last city, so I only have a copy of it.
여권을 지난 도시에서 분실해서 사본만 가지고 있습니다.

What time is breakfast?
조식은 몇 시인가요?

Where do I have breakfast?
조식은 어디에서 먹나요?

What's the wi-fi password?
와이파이 비번은 뭔가요?

Could I pay for and have breakfast now?
조식을 지금 지불하고 이용할 수 있나요?

Can I use the same password for both my laptop and phone?
노트북과 전화기 모두 동일한 비밀번호를 사용하면 되나요?

How much is it for just one night?
1박만 묵는 데 얼마인가요?

Could you put in an extra bed?
침대 하나 추가할 수 있나요?

Does it have a bathtub?
욕조가 있나요?

2 호텔 서비스 문의 및 요청하기 1
REQUESTING/INQUIRING HOTEL SERVICES 1

구두 닦기부터 투어 예약까지. 서비스 정신 투철한 호텔리어들 덕분에 여행자들은 낯선 도시에서 편안히 잠을 청할 수 있습니다. 제공되는 서비스들을 충분히 이용하고 가는 것도 여행의 묘미지요.
여행의 묘미를 극대화하기 위해 어떤 표현들이 필요할까요?

Travel words

available	이용할 수 있는
room service	룸서비스
charge it to my room	요금을 내 방에 달아 주세요 호텔 안 유료시설을 이용할 때는 체크아웃 때 함께 지불하는게 훨씬 간편하기 때문에 장기 투숙을 하거나 호텔 식당이 맛있어 자주 가게 된다면 꼭 알아 두어야 하는 표현
bath towel	목욕 수건
room number	객실 번호
housekeeping	(호텔의) 객실 관리원
ask for~	요청하다(=request)
wake-up call	모닝콜
complimentary	무료의

룸서비스 주문하기

Front Desk **Front Desk speaking.**
프런트입니다.

Gina **Hi. This is Room 715. Could I have dinner in my room?**
안녕하세요. 715번 방입니다. 저녁식사를 방에서 할 수 있을까요?

Front Desk **Sure. Everything on our restaurant menu is available for room service. What would you like?**
그럼요. 저희 레스토랑 메뉴 전부 룸서비스로 이용 가능합니다. 어떤 것을 드시겠어요?

Gina **I'd like a mushroom risotto and a glass of red wine, please. How long will it take?**
버섯 리조또와 레드 와인 한 잔 부탁합니다. 얼마나 걸리지요?

Front Desk **It will be about 20 minutes.**
20분 정도 걸립니다.

Gina **Can I charge it to my room?**
식비는 숙박비 낼 때 내도 되지요?

This is Room OOO OOO번 객실입니다

Travel Tip

방 번호를 읽을 때는 한 자리씩 끊어 읽어도 되고, 두 자리 세 자리 숫자처럼 읽어도 됩니다. 301호라면 Three Zero One 또는 Three hundred one이라고 읽어도 되는 거죠. 대부분은 이해가 쉽도록 한 자리씩 끊어서 읽습니다.

수건 한 장 더 주세요

Gina
Excuse me. Could I please have another bath towel? I ran out of them.
실례합니다. 목욕 수건 한 장 더 받을 수 있을까요? 다 썼어요.

Front Desk
Yes. What's your room number?
네. 몇 호신가요?

Gina
It's 201.
201호입니다.

Front Desk
OK. I will send housekeeping over shortly.
네. 곧 객실 관리원을 보내도록 하겠습니다.

Gina
Thanks.
감사합니다.

—

run out (of ~) ~을 다 쓰다
shortly 곧

많은 경우 이민자들이 호텔의 객실 관리원으로 일하고 있어 영어로 소통하기가 어려울 수 있습니다. Please, Thank you 등을 생략하거나 단어를 띄엄띄엄 말해도 이해해 주고, 문맥을 파악하려고 신경 쓰면서 대화하는 게 좋아요.

방은 조금 이따 치워 주세요

Cleaner
Housekeeping!
방 치우러 왔습니다!

Gina
Hi, I'm going out late today. Could you come back in two hours?
안녕하세요. 제가 오늘 늦게 나가는데, 2시간 후 다시 와 주시겠어요?

Cleaner
Yes, but please leave the 'Clean My Room' sign on the door so I don't forget.
네, 하지만 제가 잊지 않도록 '방 치워 주세요' 표시를 꼭 문에 걸어 주세요.

Gina
Great. I will do that.
네. 그렇게 할게요.

Cleaner
Do you need anything now?
지금은 필요한 거 없으신가요?

Gina
Can I just get some shampoo?
샴푸만 좀 받을 수 있을까요?

---

go out late 늦게 나가다 ↔ go out early 일찍 나가다
come back in+시간 ~ 후 다시 와 주세요

모닝콜 부탁하기

Gina
Hello, this is 205. Could I ask for a wake-up call at 5 am?
안녕하세요. 205호입니다. 내일 아침 5시에 모닝콜을 부탁할 수 있을까요?

Front Desk
Of course. Going to bed already? There's lots of things to do at night in Seattle.
물론이죠. 벌써 주무시려고요? 시애틀에선 밤에 할 것들이 굉장히 많은데요.

Gina
Yeah, but I'm very jet lagged. I'll go out tomorrow.
네. 하지만 시차 적응 때문에 피곤해서요. 내일 나가려고요.

Front Desk
Then you better get some sleep. Alright. So you want your wake-up call at 5?
그럼 좀 주무셔야겠네요. 그럼 5시에 깨워 드리면 될까요?

Gina
One at 5 and another one at 5:30, please.
5시에 한 번, 5시 30분에 한 번 더 부탁합니다.

Front Desk
We can arrange that.
그렇게 할게요.

Gina
Um, can I change the latter to 7:20?
음, 두 번째 콜을 7시 20분으로 변경할 수 있을까요?

Front Desk
Sure, why not?
그럼요, 문제 없어요.

---

get some sleep 잠을 자다
arrange 마련하다, 일을 처리하다
latter 후자

more expressions

Will this be included in my bill?
이거 전체 계산서에 포함되나요?

Can I just pay now instead?
그냥 지금 지불하면 안 될까요?

Is the tea on the table complimentary?
테이블 위의 차는 무료인가요?

Cleaning won't be necessary today, thank you.
오늘 청소는 필요 없습니다. 감사합니다.

Can you send up a pen and paper for me please?
펜과 종이 올려 보내 주세요.

Housekeeping was here but I didn't get any new towels.
방 청소는 되었는데 수건은 새로 받지 못했습니다.

I ran out of them.
다 썼어요.

3 호텔 서비스 문의 및 요청하기 2
REQUESTING/INQUIRING HOTEL SERVICES 2

기본적인 식사, 모닝콜, 청소 등을 부탁하는 표현을 배웠으니 이제 좀 더 세부적인 사항을 문의하고 요청해 볼까요? 방을 바꾸고 싶을 때, 세탁물을 맡겨야 할 때, 공연표를 대신 수령해 달라고 할 때 쓸 수 있는 말들입니다.

Travel words

smoking room	흡연실
non-smoking room	비흡연실
ironing service	다림질 서비스
ventilation	환기
central air conditioning	중앙냉방
central heating	중앙난방
laundry service	세탁 서비스

객실 변경하기

Gina
This is room 604. Could you please turn down the heater a little?
604호입니다. 난방을 조금 줄여 주실 수 있나요?

Front Desk
Sure. Anything else?
네, 알겠습니다. 또 필요한 건 없으신가요?

Gina
Is it possible to change to a smoking room?
Is it the same price?
흡연실로 변경이 가능한가요? 가격은 동일한가요?

Front Desk
Hold on a minute please.
Not for tonight, but for the remaining nights you can.
잠시만요. 오늘 밤은 안 되지만 남은 숙박 기간 중에는 그렇게 하실 수 있습니다.

And the rate is the same. Would you like that?
요금은 같습니다. 바꾸어 드릴까요?

Gina
Yes, please. Do I have to pack and come down tomorrow morning?
네. 짐 싸서 내일 오전에 내려와야 하나요?

Front Desk
It's just two rooms down, so you don't have to bring your bags downstairs. Come to the Front Desk past 11 am and we will change your room.
옆으로 두 방만 이동하면 되기 때문에 가방은 가지고 내려오지 않으셔도 됩니다.
11시 지나서 프런트로 오시면 방을 바꾸어 드릴게요.

---

turn down 낮추다   **for the remaining nights** 남은 숙박일 동안
two rooms down 두 개 방 옆으로

세탁물 부탁하기

Gina
I'd like to dry clean this jacket please.
이 재킷을 드라이클리닝 하고 싶습니다.

Front Desk
Okay. When do you need it by?
네. 언제까지 필요하시죠?

Gina
When is the soonest?
가장 빨리 되는 것이 언제죠?

Front Desk
We can have it ready by 3 pm today.
오늘 오후 3시 전까지 준비해 드릴 수 있습니다.

Gina
And what's the price?
가격은 어떻게 되나요?

Front Desk
It's ten dollars.
10달러입니다.

---

soonest 가장 빠른
have it ready 준비시키다, 준비해 주다

Travel Tip

대형 호텔이 아니면 세탁 서비스를 제공하지 않거나 굉장히 비싼 경우가 다반사입니다. 미주, 유럽의 대다수 도시에는 도심에 론드로맷(Laundromat)이라 부르는 여러 개의 셀프 세탁방이 있어요. 요즘 우리나라에서도 많이 볼 수 있는데요. 세제도 소량으로 살 수 있고 건조까지 끝낼 수 있어 장기 여행자에게 유용하지요.

공연표를 대신 받아 주세요

Gina
: Hi. It's Room 504. Could I have my La Scala tickets sent to the hotel?
안녕하세요. 504호입니다. 라스칼라 극장표를 호텔로 배송시켜도 되나요?

Front Desk
: Of course you can. We will hold them for you when they arrive. Are you ordering in your name?
그럼요. 도착하면 저희가 맡아 두겠습니다. 본인 이름으로 예약하시나요?

Gina
: It will arrive to 'Ms. Eugene Lee', my friend who reserved it for me. Thank you.
저 대신 예약한 제 친구 이름 '이유진'으로 올 거예요. 감사합니다.

Front Desk
: No problem. Do you know when they will be making the delivery?
문제 없습니다. 언제쯤 배송 오는지 알고 계신가요?

Gina
: They say they will start delivery tomorrow, so in 3 days, I think.
내일 배송을 시작한다고 하니 3일 안에 올 것 같아요.

Front Desk
: Perfect.
알겠습니다.

---

hold 맡아 두다　**make the delivery** 배송하다　**They say~** ~라고 안내하고 있다

외국에서 공연을 보는 경우, 유명한 극장이나 공연은 미리 예매를 해야 표를 확보할 수 있습니다. 한국으로 배송을 받는 거라면 한 달 정도는 시간적 여유를 두어야 하는데 여행 일정에 맞추기가 쉽지 않아요. 저는 여행지에서 어떤 공연, 어떤 행사가 열리는지 항상 미리 알아보고 예매를 하는데요, 밀라노 〈라스칼라〉 극장의 발레 공연이라든지 챔피언스리그 16강 경기와 같이 몇 달 전에 예매해야 하는 표들은 우편물을 맡아 달라고 호텔에 부탁합니다. 투숙객을 대신해 표를 수령해 주는 서비스를 많은 호텔이 합니다.

I think it's the next door; they are so noisy I can't sleep.
Could you tell them to quiet down a little?
옆방인 것 같은데요. 너무 시끄러워서 잠을 잘 수 없습니다.
조금 조용히 해 달라고 말해 주세요.

Do you have central air conditioning?
Can you turn it off at night and turn it back on in the morning?
중앙냉방인가요? 밤에는 끄고 아침에 다시 켜 주실 수 있나요?

How is the ventilation?
환기는 잘 되나요?

Do you have laundry service? What about dry cleaning?
세탁 서비스 가능한가요? 드라이클리닝은요?

Could I get an ironing service?
다림질 서비스 가능한가요?

Is there a Laundromat nearby?
주변에 빨래방이 있나요?

The ticket will arrive in 3 days.
티켓은 3일 안에 올 거예요.

+
more
expressions

4 체크아웃
CHECKING OUT

그새 정들었던 호텔을 떠날 시간입니다. 이제 겨우 프런트 직원의 이름과 얼굴을 익혔는데…. 이동편의 시간에 맞춰 체크아웃 시간을 변경하거나 계산서에 관한 질문을 하는 등 체크인 못지않게 수다가 요구되는 체크아웃. 머릿속으로 상황을 그리며 차근차근 연습해 봐요.

Travel words

I'm checking out~	~에 체크아웃 할 예정이다
baggage room	짐 보관소
late check out	늦게 체크아웃 하기 ↔ early check out 일찍 체크아웃 하기
surveillance camera	감시 카메라
bill	계산서

체크아웃 시간 변경하기

Gina
Morning, I'm checking out tomorrow, but is late check out possible?
좋은 아침입니다. 내일 체크아웃 하려는데, 늦게 나가도 될까요?

Front Desk
Good morning. Your room number please?
안녕하세요. 몇 호시지요?

Gina
It's 303.
303호입니다.

Front Desk
You can check out at noon the latest.
가장 늦게 체크아웃 할 수 있는 시간은 12시입니다.

If you stay until 3 pm you will have to pay 50 dollars more.
세 시까지 계시려면 50달러를 추가로 지불하셔야 합니다.

Gina
Okay, then I will check out at noon. Can I leave my bags at the hotel until 3 pm?
네, 그럼 12시에 체크아웃 하겠습니다. 오후 3시까지 짐을 호텔에 두어도 될까요?

Front Desk
Of course you can.
물론이죠.

Gina
Where is the baggage room?
짐 보관소는 어디인가요?

Front Desk	**It's just around the corner.** 코너 돌아 바로 있습니다. **You can put your bags in there after you check out tomorrow.** 내일 체크아웃 후 거기 두시면 됩니다.
Gina	**Does it have surveillance camera?** 감시 카메라가 있나요?
Front Desk	**Yes, so don't worry.** 네. 그러니 걱정 마세요.

---

morning = good morning
latest 가장 늦게

 **Travel Tip**

택시 회사와 제휴를 맺고 투숙객에게 공항-호텔 간 운행 서비스를 제공하는 호텔들이 많습니다. 호텔이 대형 체인이라면 자체적으로 운영하기도 하고요. 일반 택시보다는 요금이 저렴하니 호텔이 찾아가기 쉽지 않은 위치에 있다면 미리 이 서비스를 예약해 두는 편이 좋습니다. 비행기 도착 시간이 너무 이르거나 너무 늦은 경우, 도착일이 공휴일과 맞물려 대중교통을 이용하는 것이 여의치 않은 경우에도 추천합니다!

택시 부르기

Front Desk	**Do you need a taxi to the airport?** 공항 가는 택시가 필요하시나요?
Gina	**No, but I need one to the train station. How much would it cost?** 아니요, 대신 기차역으로 가는 택시가 필요합니다. 요금은 얼마 정도 나오나요?
Front Desk	**Around 60 euro. And it will be a half-an-hour trip.** 60유로 정도요. 30분 정도 걸립니다.
Gina	**Alright. Will it get here in ten minutes? I'm running a little late.** 좋아요. 10분 안에 올까요? 제가 조금 늦어서요.
Front Desk	**They usually get here within ten minutes. I'll call right now.** 원래 10분 안에는 도착해요. 지금 바로 전화 걸겠습니다.
Gina	**Great. I will wait in the lobby.** 좋아요. 로비에서 기다릴게요.

---

half-an-hour trip 30분 정도 걸리는 여정
run a little late 조금 늦다
within+시간 ~ 안에

숙박비 지불하기

Front Desk
Checking out? Here is your bill.
체크아웃 하시나요? 계산서는 여기 있습니다.

You had a coca-cola from the mini bar and ordered two room service meals. And there is one pay-per-view movie. Correct?
미니바에서 코카 콜라 한 개, 두 번의 룸서비스 그리고 유료영화 한 편을 보셨네요. 맞습니까?

Gina
Uh, no. Everything else is correct but I didn't order any pay-per-view movies.
음, 아니요. 다른 건 전부 맞는데 유료영화는 보지 않았어요.

Front Desk
Let me see.
어디 한번 볼까요.

Oh, I'm so sorry. I had your room mixed up with another one.
오, 정말 죄송합니다. 제가 손님 객실을 다른 객실과 착각했어요.

Gina
That's alright. So is this the new bill?
괜찮습니다. 그럼 이게 새 계산서인가요?

Front Desk
Yes, it is. Are you paying in cash or with a credit card?
맞습니다. 결제는 현금으로 하시나요, 아니면 신용카드로 하시나요?

Gina
Credit card.
신용카드요.

---

pay-per-view 유료 시청   **everything else** 다른 것 모두   **mix up** 혼동하다

여행 일정 추천 받기

Gina
: Hello. Could you recommend what I can do in the city today? I didn't have time to research much.
안녕하세요. 오늘 시내에서 할 수 있는 게 뭐가 있을지 추천해 주시겠어요? 사전조사를 많이 못 했어요.

Front Desk
: The Statue of Liberty is always a good place to begin. Or… have you been to MOMA?
The Museum of Modern Art.
자유의 여신상은 관광을 시작하기 매우 좋은 곳이죠.
아니면… MOMA는 가 보셨나요? 뉴욕현대미술관요.

Gina
: MOMA? No, but I've heard a lot about it.
Is it worth going?
MOMA요? 안 가 봤어요. 하지만 얘기를 많이 들었는데, 가 볼 만한가요?

Front Desk
: Of, definitely. I go there once every few months.
They always have new exhibitions.
오, 그럼요. 저도 몇 달에 한 번씩 가요. 계속 새로운 전시를 하거든요.

Gina
: Great. I might try MOMA then. Thank you.
좋아요. 그럼 MOMA를 가 볼까 봐요. 감사합니다.

Front Desk
: You're welcome. I'm sure you'll have a good time there.
천만에요. 분명히 좋은 시간 보내실 겁니다.

---

recommend 추천하다　**a good place to~** ~하기 좋은 곳　**exhibition** 전시

현지인만 알려 줄 수 있는 정보가 분명 있으니 호텔 프런트 직원에게 부지런히 질문해 보세요! 열심히 블로그 검색을 했어도 여행 현지에서 얻는 정보와는 비교할 수 없답니다.

+ more expressions

Can I schedule a taxi pick up for 5 am tomorrow?
내일 새벽 5시에 데리러 올 택시를 예약할 수 있을까요?

How long is the wait for a taxi right now?
지금 당장 부르면 얼마나 기다려야 올까요?

Do you have any tour programs?
투어 프로그램이 있나요?

Is the Mona Lisa really worth seeing?
모나리자 실제로 볼 만한가요?

Do you have a taxi van?
택시 밴이 있나요?

Do they have a pick-up service?
픽업 서비스가 있나요? (=있는지 물어봐 주세요)

Could you recommend me some places to visit?
가 볼 만한 데 추천해 주실래요?

4 관광지에서 1

BEING A TOURIST 1

1 사진 찍기
TAKING PHOTOS

관광지에선 사진 찍기와 관련해 해야 할 말이 생각보다 훨씬 다양합니다. "사진 한 장 찍어 주시겠어요?"만 할 수는 없어요. 누가 나에게 찍어 달라고 부탁할 수도 있고, 내가 이렇게 저렇게 찍어 달라고 요청할 수도 있고…. 다양한 상황에 딱 맞는 표현들을 상황별로 알아보아요.

Travel words

zoom in	(피사체를) 확대하다
full shot	전신 사진 half shot 반신 사진/head shot 얼굴만 나오는 사진
background	배경
blurry	흐릿한

사진 한 장 찍어 주시겠어요?

Gina
Excuse me, would it be possible for you to take a photo of me and my friend?
실례합니다. 저와 제 친구 사진 한 장 찍어 주시겠어요?

Stranger
Oh, sure. How do you want it?
네, 좋아요. 어떻게 찍어 드릴까요?

Gina
With the Coliseum behind us.
뒤에 콜로세움이 나오게 찍어 주세요.

Stranger
Of course. Say cheese!
네. 치-즈 하세요!

Gina
Could you take another, just in case?
혹시 모르니 한 장 더 부탁해도 될까요?

Stranger
Sure. Three, two, one!
좋아요. 3, 2, 1!

Would it be possible for you to~? ~해주실 수 있을까요?
How do you want it? 어떻게 해 드릴까요?
with A behind us 우리 뒤에 A가 나오게 해주세요
just in case 만약을 위해서

Travel Tip

관광객이 많은 런던, 파리, 로마, 뉴욕에서는 거리의 공연가나 아마추어 아티스트들이 사진을 함께 찍자고 먼저 덤벼든 다음 30달러까지 강탈해 가기도 해요. 그렇게 먼저 달려드는 경우에는 찍기 전에 "How much?"라고 반드시 물어보세요.

사진 찍어 드릴까요?

Gina   **Sorry, do you want me to take your photo?**
저, 제가 사진 찍어 드릴까요?

Stranger   **That would be great! Would you?**
그럼 정말 좋지요! 그래 주시겠어요?

Gina   **Alright. Do you want me to zoom in?**
그럼요. 확대해서 찍어 드릴까요?

Stranger   **No, I want a full shot, more background than me.**
아뇨, 전신 샷으로 찍어 주세요. 저보단 배경이 더 많이 나오게요.

Gina   **OK. Three, two, one!**
좋아요. 3, 2, 1!

Stranger   **Oh, the flash went off. I'll turn it off.
Could you take another?**
앗, 플래시가 터졌네요. 제가 끌게요. 한 장 더 찍어 주실 수 있나요?

---

flash goes off 플래시가 터지다

저는 먼저 사진을 찍어 주겠노라 자청하는 편이에요. 그러면 열에 아홉은 사진을 찍고 난 후 "네 사진도 찍어 줄까?" 하고 되물어요. 힘겹게 팔을 뻗어 셀카를 찍으려는 솔로 여행객이나 커플 샷을 남기려고 이리저리 둘러보는 연인들이 답례 포토를 가장 잘 찍어 준답니다.

사진 찍어도 되나요?

Gina **Excuse me, can I take a photo of your band?**
실례합니다. 밴드 사진 한 장 찍어도 될까요?

Band member **Of course! Did you like our song?**
그럼요! 우리 노래 마음에 들었나요?

Gina **I loved it! I'd like to buy the album but I only have coins now… here's a euro anyway.**
정말 좋았어요! 앨범을 사고 싶지만 지금 동전밖에 없어서… 여기 1유로 넣고 가요.

Band member **That's alright. Thank you.**
괜찮아요. 고맙습니다.

Gina **Keep it up!**
계속하세요!

Band member **Thanks! Stick around for our next number.**
고마워요! 다음 곡도 듣고 가요.

---

keep it up 힘을 내서 계속하다
stick around 계속 머물다   **number** 숫자라는 뜻 외에도 '곡'이라는 뜻이 있음

길거리 공연을 하는 아마추어 악사들은 종종 직접 만든 앨범을 판매하기도 하는데요. CD 가게에서 사는 것에 비하면 앨범 자켓이나 사진 퀄리티가 좋지 않지만 가격은 훨씬 저렴해요. 저는 여행지를 떠올릴 사운드트랙으로 구입하기도 해요. 공연자 외에 식사를 하고 장을 보는 일상생활 속 현지인들을 동의 없이 마구 찍는 건 삼가기로 해요.

+ more expressions

I don't think it came out right.
사진이 제대로 나온 것 같지 않아요.

I think it's a little blurry.
사진이 좀 흔들린 것 같아요. / 사진이 초점이 안 맞았어요.

You need to press the button longer.
버튼을 좀 더 오래 누르고 계셔야 해요.

You're a professional photographer! It's perfect.
전문 사진사시네요! 정말 좋아요.

It's like a postcard.
마치 엽서 같군요. (그만큼 좋은 사진이 나왔다는 뜻)

Do you want to do a funny picture?
웃긴 포즈로 사진 한 장 찍을래요?

Say hello to my friends back in Korea!
한국에 있는 친구들에게 안녕, 해주세요! (비디오 촬영할 때)

Am I allowed to take photos here?
여기 사진 찍어도 괜찮은가요?

Can I take photos of the store?
상점 사진을 찍어도 될까요?

Can I take a picture with you?
너랑 사진 한 장 찍어도 될까?

2 팸플릿 읽기
READING PAMPHLETS

투어리스트 센터에서 잔뜩 뽑아 온 수많은 팸플릿.
사전을 찾기는 귀찮고 무슨 뜻인지는 긴가민가하고!
아래의 travel words를 참고하세요.

Travel words.

Opening days	영업일	**Opening hours**	영업시간
Holidays	공휴일		
Matinee	낮 공연 오페라, 발레, 뮤지컬은 하루 공연 2회 이상일 경우 낮 공연이 저녁 공연보다 저렴함		
Price	가격	**Reductions/Discounts**	할인가
Special rate	특별가	**Student rate**	학생가
Group rate	단체 가격		
Seniors/over 65	경로가/65세 이상가	**Children under~**	~세 이하 아이
Infants	영유아		
Venue	장소	**Meeting place**	만나는 장소
Special exhibition	특별 전시		
Permanent exhibition/Regular exhibition	정기 전시		
Curator guide	큐레이터 안내		
Audio guide	오디오 가이드 판매하는 종이 가이드와 가격이 같거나 더 비쌈		

팸플릿은 어딜 가면 받을 수 있나요?

Gina **Excuse me, ma'am. Where can I get a pamphlet?**
실례합니다. 팸플릿은 어딜 가면 받을 수 있나요?

Information Desk **You will find them next to the ticket office around the corner, but I can give one to you.**
코너 돌아 있는 매표소에서 받을 수 있지만 제가 드릴 수 있어요.

How many do you need?
몇 장 드릴까요?

Gina **Two please.**
두 개 부탁합니다.

Information Desk **Here you go. Would you like information on tomorrow's circus as well?**
여기 있습니다. 내일 서커스에 대한 정보도 드릴까요?

We have a spectacular circus coming to town tomorrow and it will open here, in the center of Hyde Park.
내일 엄청난 서커스가 오는데 여기 하이드파크 한가운데서 열릴 예정이에요.

Gina **Really? That would be fun. Yes. I'd like some info please.**
그래요? 그거 재밌겠네요. 네, 그에 대한 정보 부탁합니다.

Where can I get~? ~은 어딜 가면 받을 수 있나요?
pamphlet = brochure = leaflet = information
spectacular 엄청난, 굉장한
That would be fun 그거 재밌겠다

한국어 팸플릿 있나요?

Gina
Excuse me, I'm looking for a program for <Giselle>…
실례합니다. 〈지젤〉 프로그램을 찾고 있는데요.

Information Desk
Yes. I have them here. Do you want an English version? Japanese?
네, 여기 있습니다. 영어로 된 것을 드릴까요? 아님 일본어 버전?

Gina
No, I'm Korean. Do you have a Korean version?
아뇨, 전 한국 사람인데요. 한국어로 된 것이 있나요?

Information Desk
I'm sorry, we don't have a Korean one.
죄송해요. 저희가 한국어는 구비하지 않고 있습니다.

Gina
That's OK. I'll take the English one.
괜찮아요. 영어로 된 것 주세요.

Information Desk
Here you are.
여기 있습니다.

English version 영어 버전, 영어로 된 것
Do you have a Korean version? 한국어 버전이 있나요?

모나리자와 같이 루브르 박물관에 소장되어 연중 내내 전시하는 걸 정규 전시라 하고, 이들 중 특별한 테마로 묶어 따로 전시하는 경우를 특별 전시라고 합니다. 특별전은 다른 박물관, 미술관에서 대여를 해 열기도 합니다. 특별전은 대부분의 경우 입장료를 따로 받습니다. 일반 전시와 통합해 표를 판매하는 경우도 있으니 특별전만 보고 싶다면 본문처럼 특별전 표만 구매해야 합니다.

특별전 팸플릿 있나요?

Gina Excuse me, do you have a pamphlet for the special exhibition as well?
실례합니다. 특별전도 팸플릿이 있나요?

Information Desk We do, but currently we ran out of them.
네, 있습니다. 하지만 지금은 모두 떨어졌어요.

Gina That's a shame. Do you know when you will have them again? I can come back tomorrow.
안타깝네요. 언제 다시 들어오는지 아세요? 내일 다시 올 수 있습니다.

Information Desk I'm sorry but the special exhibition ends today.
죄송하지만 특별전은 오늘 끝납니다.

Gina Then I guess I have no choice.
그렇다면 다른 방도가 없네요.

Information Desk Would you still like to see the exhibition?
그래도 전시는 보시겠어요?

Gina Yes, two students for the special exhibition please.
네, 특별전 표로 학생 두 장 주세요.

Information Desk Just the special exhibition?
특별전만 보시나요?

Gina Yes, just the special exhibition.
네, 특별전만요.

---

currently 현재는, 지금은 **That's a shame** 안타깝다

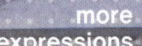
more expressions

Are the opening hours on this pamphlet?
이 팸플릿에 영업시간이 적혀 있나요?

Is there something in Korean?
한국어로 된 것이 있나요?

Could I please have 2 pamphlets?
팸플릿 두 장 주세요.

Could I get five? I need to bring them to a big group over there.
다섯 개 받을 수 있을까요? 저기에 있는 저 그룹에 가져다 주려고요.

Can I have two in Japanese and four in English?
일본어로 된 것 두 개, 영어로 된 것 네 개 받을 수 있을까요?

No pamphlet? Do you have a website then?
팸플릿이 없나요? 그럼 웹사이트는 있나요?

Is all the information on the website as well?
웹사이트에도 정보가 모두 나와 있나요?

3 티켓 구매하기
BUYING TICKETS

팸플릿을 읽고 정보를 파악했다면 이제 표를 살 차례. 매표소 찾기부터 할인 티켓 야무지게 이용하기까지, 티켓 구매와 관련된 표현을 알아보아요. 매의 눈으로 누릴 수 있는 혜택을 모조리 찾아 알뜰살뜰한 공연과 전시를 관람하자고요! 여행 후에 배 아플 일은 절대 없어야 하니까요.

Travel words

ticket office	매표소
reservation number	예약번호
tomorrow's ticket	내일 표
original version	원어 버전 유럽, 특히 프랑스와 이탈리아는 할리우드 영화를 모두 더빙하여 상영하고 예외적인 경우에만 V.O/O.V(Version Original, Original Version)라 하여 원어로 상영함. 이탈리아어로 더빙된 조지 클루니의 목소리를 듣고 싶지 않다면 꼭 확인할 것!
e-ticket	전자티켓
next week's ticket	다음 주 표
in advance	미리

매표소는 어디에 있나요?

Gina
Excuse me, where can I find the ticket office?
실례합니다. 매표소는 어디에 있나요?

Museum Employee
It's on the first floor. Take that escalator and it's just one floor up.
1층에 있습니다. 저 에스컬레이터를 타고 한 층만 올라가시면 돼요.

Gina
Thank you so much.
감사합니다.

Museum Employee
But the museum closes in an hour, and the ticket office in half an hour.
하지만 박물관은 한 시간 안에 닫고, 매표소는 30분 안에 닫아요.

Gina
Yes, that's alright.
네, 괜찮아요.

Museum Employee
At least you will be able to look at the paintings in peace. There's hardly anyone left now.
적어도 조용히 그림들을 감상할 수는 있겠네요. 이제 거의 아무도 안 남았거든요.

Where can I find ~ ? ~는 어디에 있나요?
close in an hour 한 시간 안에 닫다
in peace 조용히

Travel Tip

대부분의 박물관, 미술관, 놀이동산 등의 매표소는 해당 명소가 문을 닫는 시간보다 30분에서 1시간 먼저 닫습니다. 보고 싶은 그림 딱 한 점만 보고 나와도 된다는 생각으로 문 닫기 30분 전에 도착하면 매표소가 문을 닫아 들어갈 수 없으니 이 점 염두에 두세요!

인터넷으로 표를 구매했는데요

Gina **I bought a ticket online.**
온라인 티켓을 샀는데요.

Ticket Office **Could you give me your reservation number?**
예약번호 말씀해 주시겠어요?

Gina **Sure. Here it is. It's in my email.**
네, 여기 있습니다. (이메일을 보여 주며) 이메일에요.

Ticket Office **…and a photo ID please.**
… 사진이 있는 신분증도 부탁합니다.

Gina **Would my student ID do?**
학생증도 괜찮나요?

Ticket Office **Of course.**
물론이죠.

---

photo ID 사진이 있는 신분증

일정이 확실히 정해졌다면 저는 무조건 인터넷 예매를 해요. 교통편이건 공연이건 온라인 표가 언제나 더 싸기 때문이에요. 다만 예매 후 출력 조건을 잘 봐야 해요. 돈 주고 예매한 표가 무용지물이 될 수도 있어요! 이메일로 예매 확인 알림을 받았어도 출력을 해서 보여 줘야 하는 경우가 있고, 메일을 보여 주거나 예약번호를 알려 주기만 해도 되는 경우가 있어요. 드물지만 출력 후 매표소에서 표로 바꿔야 하는 경우도 있고요. 신분증은 반드시 사진이 붙어 있는 걸 사용합니다. 학생증에 사진이 없다면 있으나마나. 그럴 경우엔 여권이나 운전면허증을 내밀어요.

학생 할인을 받을 수 있을까요?

Gina — **Do you have student discount?**
학생 할인이 되나요?

Ticket Office — **Well, normally we do, but for this special exhibition the price is same for all.**
음. 원래는 있는데 이번 특별전은 가격이 모두 동일합니다.

Gina — **I see. Can I get a discount on the regular exhibition from next week then?**
알겠어요. 그럼 다음 주부터 시작하는 정기 전시는 할인을 받을 수 있는 건가요?

Ticket Office — **Yes, you can. Do you want to come back then?**
네, 그렇습니다. 그때 다시 오시겠어요?

Gina — **No, I'll watch today's special exhibition as well.**
아니요. 오늘 특별전도 보려고요.

Ticket Office — **That's great. It will be 15 dollars, thank you.**
좋습니다. 15달러입니다. 감사합니다.

---

normally 원래 **same for all** 모두에게 동일하다
Can I get a discount on~? ~에 할인을 받을 수 있나요?

전자티켓이 이메일에 저장되어 있는데 매표소에서 와이파이가 잡히지 않아 이메일을 열 수 없다면 정말 난감하겠지요? 공연이나 경기 관람 시 티켓 예약 확인서와 신분증을 꼭 지참하도록 합니다. 예약번호를 적어 놓거나 스크린 캡쳐를 해 두는 것도 좋은 방법이고요.

내일 영화 표를 미리 사고 싶습니다

Gina
Hi. I'd like to purchase tomorrow's tickets.
안녕하세요. 내일 표를 구매하고 싶습니다.

Ticket Office
Sure. For which movie?
네. 어떤 영화로요?

Gina
<The Grand Budapest Hotel>. For two people.
〈그랜드 부다페스트 호텔〉. 두 명이오.

Ticket Office
Do you have a student card? You can get a discount.
학생증 있으세요? 할인받을 수 있어요.

Gina
Yes, I do. Oh, is it the original version?
네, 있어요. 아, 원어로 나오는 거 맞나요?

Ticket Office
Yes, with Italian subtitles.
네, 이탈리아어 자막과 함께요.

—

purchase 구매하다
subtitle(s) 자막

+ more expressions

Do I have to print out my e-ticket?
전자티켓을 출력해 와야 하나요?

Where can I find a place to print my ticket?
표를 출력할 곳이 어디 있나요?

Can I purchase next week's tickets in advance?
다음 주 표를 미리 사도 되나요?

Is it cheaper that way?
그렇게 하면 더 싼가요?

Will my student ID/Korean student card/graduate school student card do?
학생증/한국 학생증/대학원 학생증도 괜찮은가요?

Two tickets, please.
표 두 장 주세요.

One ticket for the 8 o'clock, please.
8시 표 한 장 주세요.

How long is the show?
몇 시간짜리 공연이에요?

I'll be back.
다시 올게요.

I'll come back then.
그때 다시 올게요.

What's the subtitle language?
자막은 어느 나라 말인가요?

From how many do you give group discounts?
몇 명부터 단체 할인이 적용되나요?

Do you close at 5 pm normally?
원래는 5시에 문을 닫으시나요?

Does it have English subtitles?
영어 자막이 있나요?

When does the movie finish?
영화는 몇시에 끝나나요?

4 우체국에서
AT THE POST OFFICE

여행지에서 빼놓을 수 없는 꿀재미! 바로 고국에 있는 가족과 친구들에게 엽서 쓰기죠.
주소 쓰는 방법도 낯설고 소포가 잘 도착할지 걱정이라고요? 하긴 얼마나 걸릴지,
요금은 제대로 매겨졌는지 살펴봐야 할 게 참 많지요.
복잡하지만 여행 중 꼭 한 번은 들러 보고픈 우체국!
지금부터 나오는 표현들을 잘 익혀 두면 뭐든
척척 보낼 수 있어요.

Travel words

express mail	특급우편
regular mail	일반우편
weigh	무게를 달다
package	소포
fragile	깨지기 쉬운
stamp	우표
bubble wrap	버블랩 소포 부칠 때 쓰는 충전재. 일명 '뽁뽁이'
insurance	보험

엽서도 파나요?

Gina: **Excuse me, do you also sell postcards here?**
여기 혹시 엽서도 판매하나요?

Post Office: **Yes, over there at the gift corner, but there isn't much to choose from.**
네, 저기 선물 코너에서요. 하지만 종류가 그리 다양하지는 않아요.

Gina: **What about gift cards?**
카드는요?

Post Office: **Sorry, no cards. You will have to go to the stationary shop across the road. They also have many postcards.**
죄송해요. 카드는 없습니다. 길 건너 사무용품점에 가셔야 할 거예요. 거기 엽서도 많이 팔아요.

Gina: **Thank you. I'll be back.**
감사합니다. 다시 올게요.

Post Office: **You're welcome.**
천만에요.

There isn't much to choose from 선택권이 많이 없다
stationary shop 사무용품점

여기에서 "다시 올게요"라는 표현은 사실 다시 오지 않을 때 더 많이 사용하지요^^. 우리나라와 마찬가지예요. "좀 더 보고 올게요" 하고 나오지만 사실 '여기선 살 만한 게 없네요'라는 뜻이 포함되어 있다는 걸 직원도 나도 알고 있는 것과 똑같다고 이해하면 됩니다.

얼마나 걸릴까요?

Gina — How long will it take to arrive?
도착하는 데 얼마나 걸릴까요?

Post Office — By express mail, which I recommend, one week to ten days. regular mail, three weeks at least.
추천 드리는 특급우편으로 보내면 1주일에서 열흘 걸려요. 일반우편으로는 최소 3주입니다.

Gina — Hmm. What's the cost difference?
음. 가격 차이는 어떻게 되지요?

Post Office — For postcards, two dollars regular mail and three dollars 50 cents express.
엽서의 경우 일반은 2달러, 특급은 3달러 50센트입니다.

Gina — I'd like to send these two by express and the rest by regular mail then. Thank you.
그럼 이 두 개는 특급으로 보내고 나머지는 일반으로 보낼게요. 감사합니다.

Post Office — Sure, no problem.
좋아요. 그렇게 하세요.

How long will it take to ~ ? ~하는 데 얼마나 걸리나요?
A to B (days/weeks) A에서 B 정도의 시간
cost difference 가격 차이

개인적인 경험으로는 우체국에서 알려 준 기간보다 더 빨리 도착했습니다. 급하지 않고 부칠 게 많다면 일반도 괜찮아요.

소포 부치는 데 얼마예요?

Gina
How much would it cost me to send a package to Korea?
한국으로 소포를 부치려면 얼마나 들까요?

Post Office
It's ten dollars flat fee plus five dollars per kilo.
기본요금 10달러에 kg당 5달러입니다.

Gina
Could you weigh this then?
이거 무게 좀 달아 주시겠어요?

Post Office
It's 8kg, so 50 dollars.
8kg입니다. 50달러네요.

Gina
Can I just take out 3kg from there then?
그럼 거기서 3kg만 덜어 낼 수 있을까요?

Post Office
Of course, you can.
그럼요. 그렇게 하세요.

—

flat fee 기본요금   **take out** 빼다

Travel Tip

저가 항공으로 도시 간 이동을 자주 할 경우 짐의 무게에 유의해야 해요(특히 유럽). 저가 항공들은 승객당 대부분 20kg이 최대이고(많은 경우 23kg) 비즈니스석을 구매해야 5kg 정도 추가 허용이 가능합니다. 추가 무게당 벌금을 내야 할 수도 있으니, 벌금과 각 나라의 소포 운임을 비교해 보고 한국으로 짐을 부치는 편이 더 나으면 그렇게 하세요. 무게가 많이 나가는 기념품은 마지막 도시에서 사는 것도 하나의 노하우예요.

+ more expressions

Can I wrap this package here?
이 소포 여기에서 포장할 수 있나요?

Can you mark it as 'Fragile'/'Handle with care'?
'깨지기 쉬움'/'조심히 다루어 주세요'라고 표시해 주실 수 있나요?

Do you sell stamps for collectors?
수집용 우표도 판매하나요?

Do you have bubble wrap?
충전재 있나요?

Does it ever get lost?
분실되는 경우가 있나요?

Do you guys have insurance?
보험이 들어 있나요? (우체국 직원에게 묻는 말)

Can I get my package insured?
제 소포에 보험을 가입할 수 있을까요?

5 관광지에서 2

BEING A TOURIST 2

1 화장실은 어디에 있나요?
WHERE IS THE LADIES' ROOM?

toilet, bathroom 다 뜻이 통하지만 '숙녀들이 쓰는 방'이라는 뜻의 Ladies' room이 가장 공손하고 여성스러운 표현이랍니다. 영어를 거의 못하는 유럽 작은 도시에서는 toilet이 무난하지만(어떤 데서는 toilet도 안 통하는 경우가 있으니 현지어로 알아두는 것이 좋아요) 일반적으론 "레이디스 룸 어디 있나요?" 하고 물으면 '말도 참 예쁘게 한다!' 생각하고 알려 줄 거예요.

Travel words

coin	동전
toilet paper	휴지 얼굴에 사용할 수 있는 tissue와는 다름. 영미권에서 toilet paper는 절대 다른 용도로는 사용해서는 안 되는, 변기 옆에만 두어야 하는 것이기에 화장실 휴지로 땀을 닦거나 코를 푸는 행동은 외국인들을 굉장히 놀라게 할 수 있음
vending machine	자판기
occupied	사용 중인 화장실을 사용할 때 누가 밖에서 노크를 하면 "occupied"라고 말해도 되지만 "someone is in here"이라고 말하는 편이 더 보편적. 물론 답 노크를 하거나 헛기침만 해도 무방
in a line	줄을 서 있다

여자 화장실은 어디에 있나요?

Gina — **Excuse me, do you know where the ladie' room is?**
실례합니다. 화장실이 어디 있는지 아시나요?

Passerby — **You mean the public one? It's just three blocks away, keep walking straight. But you can just use the one in McDonald's across the street.**
공중화장실요? 세 블록 떨어져 있으니 계속 직진해요.
그냥 길 건너편 맥도날드 화장실 써도 되는데.

Gina — **I don't have to buy a burger or anything?**
햄버거를 사야 한다거나 그러지 않아도 돼요?

Passerby — **Nah, the other branches check your receipt but this one doesn't.**
다른 지점은 영수증을 확인하는데 여긴 안 그래요.

Gina — **Great! Thank you.**
좋네요! 감사합니다.

Passerby — **You're welcome.**
천만에요.

---

public 공공의, 공중의
branch 지점

화장실 사용에 무척이나 관대한 우리나라 사람들은 절대 이해할 수 없는 서양 관습이 바로 화장실을 개방 안 하는 것입니다. 영수증에 찍힌 코드를 입력해야 문이 열린다거나 카운터에서 열쇠를 받아 열어야 하는 등 손님에게만 사용을 허하는 게 일반적이에요. 심지어 손님한테 사용료를 받는 곳도 봤어요. 저는 카페나 식당에 가면 반드시 화장실에 들렀다가 나서는 습관을 들였답니다. 공중화장실은 찾기도 만만치 않고 위생 상태도 보장할 수 없거든요.

동전은 어디에서 바꾸나요?

Gina
Where can I get change? I only have 10s.
잔돈은 어디에서 바꿀 수 있을까요? 10달러짜리 지폐밖에 없어서요.

Passerby
Well, I have two 5s if that's alright.
음, 저한테 5달러짜리 두 장이 있는데 괜찮으시면 바꿀까요?

Gina
No, I need coins for the toilet.
아니요, 저는 화장실 때문에 동전이 필요해서요.

Passerby
Ah, there is a person in front of the toilet and they give you change there.
아, 화장실 앞에 사람이 있는데 잔돈 거슬러 줄 거예요.

Gina
Phew, that's good news. Thanks!
휴, 다행이네요. 감사합니다!

—

if that's alright 괜찮다면
give change 잔돈을 돌려주다

동전을 넣고 입장하게끔 화장실 입구가 지하철 개찰구처럼 만들어져 있거나 돈을 수거하는 사람이 앞에 지켜 서 있는 경우도 많아요. 식당이나 카페보다는 주로 기차역이나 버스 대합실의 화장실이 그렇답니다.

휴지는 어디에서 판매하나요?

Gina
Where could I get toilet paper? Is there a vending machine?
휴지는 어디에서 살 수 있나요? 자판기가 있나요?

Passerby
Yes. There will be a vending machine in front of the toilet over there. It doesn't give change, so make sure you have coins.
네. 저기에 있는 화장실 앞에 자판기가 있을 거예요. 잔돈을 돌려주지 않으니 반드시 동전을 챙겨 가세요.

Gina
Thank you very much. I will do that. Do you know how much it is?
감사합니다. 그렇게 할게요. 혹시 얼마인지 아세요?

Passerby
90 cents, I think. I'm not sure.
90센트인 것 같아요. 확실하진 않아요.

Gina
Got it. Thanks.
잘 알겠습니다. 감사해요.

잔돈을 거슬러 주지 않는 자판기. 상상이 되세요? 해외에 나가면 종종 만날 수 있습니다. 동전을 꼭 휴대하시길.

more expressions

How much is it to use the toilet?
화장실 사용료는 얼마인가요?

Does it give change?
잔돈 돌려주나요?

Does it accept five cent coins?
5센트짜리 동전도 받나요?

Is it only for customers?
손님 전용인가요?

Is someone in there?
= Is it occupied?
안에 누구 있나요?

Are you in a line?
줄 서 계신 건가요?

Is there toilet paper inside?
안에 휴지 있나요?

2 인포메이션 센터에서
AT THE INFORMATION CENTER

여행지의 다양한 정보를 얻고 투어를 예약하고 심지어 숙소나 맛집 추천도 받을 수 있는 인포메이션 센터! 생각 외로 방대한 정보를 갖추고 있어서 여행 중 여러 번 찾게 된답니다. 필요한 것은 무엇이든 얻어서 요긴하게 사용해 보자고요!

Travel words

metro map	지하철 노선도
the bus schedule	버스 시간표
walking tour	걷기 투어
tip-based	팁으로 운영되는. 팁을 줘도 되고 안 줘도 되며, 금액도 정해져 있지 않은 투어
city/museum/transportation pass	도시/박물관/교통 패스
lunch break/lunch hour	점심시간

한국어 지도도 있나요?

Gina
Do you carry a Korean map?
한국어 지도도 있나요?

Info Center
No, I'm sorry. But I know that they sell one in the big bookshop across the road.
아니요. 죄송합니다. 하지만 길 건너 큰 서점에서 팔아요.

Gina
Oh, that's great. Do you know how much it is?
아, 잘됐네요. 얼만지 아세요?

Info Center
15 dollars. Do you want an English map as well? This one is free.
15달러요. 영어 지도도 하나 드릴까요? 이건 무료예요.

Gina
Yes, please. Is the metro map on it?
네, 주세요. 지하철 노선도도 표시되어 있나요?

Info Center
Yes, it's on the back with the bus schedule.
네, 버스 시간표와 함께 뒷면에 있습니다.

---

carry 판매하다, 구비하다
on the back 뒷면에

Travel Tip

요즘은 투어가 참 다양해요. 어딜 가나 걷기, 자전거, 버스, 심지어 작은 바퀴 두 개로 굴리는 세그웨이 투어까지 마련되어 있어요. 체력이 걱정된다면 세그웨이 투어가 적합할 텐데요. 저는 골목 골목 숨겨진 일화와 디테일한 설명을 더 좋아하는 편이라 걷기 투어를 선호합니다.

운영 시간 문의, 투어 추천 받기

Gina
This is my first day in New York. Can you suggest the best walking tour program?
오늘이 뉴욕에서의 첫날이에요. 걸어서 하는 투어 중 뭘 제일 추천하세요?

Info Center
Well, there are so many good ones. These ones are free, tip-based, and are all great.
좋은 것들이 굉장히 많아요. 여기 이것들은 무료고 팁으로만 진행을 하는데 다 훌륭해요.

Gina
I can't make any decisions today... what time do you open tomorrow?
오늘은 어떤 결정도 내릴 수가 없어요…. 내일은 몇 시에 여나요?

Info Center
We are open nine to five, every day of the year except for Christmas and New Years Day.
크리스마스와 새해 첫날을 제외하고는 연중 내내 9시에서 5시까지 합니다.

Our opening hours are on the door as well.
문에도 운영시간이 적혀 있어요.

Gina
Oh, yes I see. Thank you very much. I'll come back tomorrow.
아, 네 보이네요. 감사합니다. 내일 다시 올게요.

---

suggest 제안하다, 추천하다 **every day of the year** 1년 내내

밤에 하는 고스트 투어, 식재료 시장에서 특산물을 살펴보고 맛집 탐방도 하는 푸드 투어 등 테마별 프로그램들이 많이 있으니 관광청 홈페이지나 현지 인포메이션 센터에서 정보를 잔뜩 얻어 와 고르도록 해요.

미술관 표를 여기에서 살 수 있나요?

Gina
Is it possible to buy a MOMA ticket here?
MOMA 표를 여기서 살 수 있나요?

Info Center
No, but you can get the New York Pass here; it's a ticket for all the great museums and galleries in NY Metropolitan Museum, Natural History Museum, the Guggenheim Museum, Museum of Modern Art, Van Courtland House Museum, the Museum of Sex, and the Intrepid Sea, Air and Space Museum.
아니요. 하지만 뉴욕 패스는 여기에서 구입하실 수 있습니다. 뉴욕에 있는 모든 훌륭한 박물관과 미술관 입장이 가능한 표인데, 메트로폴리탄, 자연사박물관, 구겐하임미술관, MOMA, 밴코틀랜드하우스박물관, 성박물관, 그리고 인트레피드 해양항공우주 박물관에 모두 들어가실 수 있어요.

Gina
That's amazing!
대단한데요!

Info Center
It includes the "Fast Track" privilege as well.
'Fast Track' 혜택도 포함됩니다.

Gina
What's that? 그게 뭐예요?

Info Center
With Fast Track privilege you don't have to wait in line, you can just get in right away.
Fast Track 혜택이 있으면 줄을 서지 않고 바로 입장이 가능하답니다.

---

include 포함하다　　**privilege** 혜택, 특권

묶음 패스는 개별가를 합한 것보다는 훨씬 저렴하지만 가격이 상당하기 때문에 Fast Track 특권을 줍니다. 홈페이지에서 비정기적으로 할인 행사도 하니까 참고하세요.

+ more expressions

Is there an info center at the train station too?
기차역에도 인포 센터가 있나요?

Do you close for lunch? / Do you have lunch breaks?
점심시간엔 문을 닫나요?

Are you open on Sundays too?
일요일에도 문 여나요?

What kind of museum passes do you have?
박물관 패스는 어떤 종류가 있나요?

Can I buy a transportation pass here? Do I need to go to the metro station?
여기에서 교통권 구매가 가능한가요? 지하철역으로 가야 하나요?

How much would I be saving with this pass?
이 패스로 얼마나 절약하게 되는 건가요?

Can I start using this pass from tomorrow?
내일부터 패스를 이용할 수 있나요?

3 투어 예약과 문의
RESERVING A TOUR PROGRAM

가격과 시간 등을 고려해 혼자 다니는 것보다 투어가 더 유익하다는 판단이 섰다면 이제 예약을 할 차례지요. 가격과 시간 외에도 예약할 때 물어볼 것들이 생각보다 많아요. 차근차근 체크해서 예약에 실수가 없도록 해요!

Travel words

book	예약하다
full	예약이 마감되다
popular tour	인기 있는 투어
make friends	친구를 사귀다
tour guide	투어 가이드
English-only	영어로만
cancellation	예약 취소

투어를 예약하려고요

Gina
Hello, I'm back.
안녕하세요. 저 다시 왔어요.

Tour Agency
Welcome back! Have you made your decision?
반가워요! 결정은 내렸나요?

Gina
Yes. My friends and I wish to book this tour for this afternoon at 3. Is it available?
네. 친구들과 저는 오늘 오후 3시에 이 투어를 예약하려 해요. 자리가 있나요?

Tour Agency
I'm afraid 3 pm is full. How about 4:30?
There are just 3 spots left. This is a very popular tour.
3시는 예약이 다 찼네요. 네 시 반은 어떠세요?
딱 세 자리 남았어요. 굉장히 인기가 많은 투어라서요.

Gina
Mmm… we will do the 4:30 then. What time does it finish?
음… 그럼 네 시 반으로 할게요. 몇 시에 끝나죠?

Tour Agency
Around 7 pm, just before dinner.
7시쯤에요. 저녁시간 바로 전이죠.

—

spot 자리
just before 바로 전

정원이 몇 명인가요?

Gina
Can I ask how many people will be in my tour group?
저희 그룹 투어에 몇 명이나 오나요?

Tour Agency
If everyone shows up it will be a party of ten.
사람들이 다 오면 10명이 되겠네요.

Gina
Is that the maximum number?
그게 최대 인원수인가요?

Tour Agency
Well, the maximum number of people for our programs is 15, but I don't think we will be getting any more reservations tonight. It's already 6 o'clock.
우리 투어는 최대 정원이 15명인데요, 오늘은 더 예약이 있을 것 같지 않네요. 벌써 6시니까요.

Gina
OK. Thank you very much for the info.
네. 정보 감사합니다.

---

show up 나타나다, 출석하다
party of+숫자 ~명의 그룹

다른 한국 사람도 있나요?

Gina
Do you know if there are any other Koreans in this tour?
이 투어에 한국 사람이 또 있나요?

Tour Agency
I don't know. We don't ask for their nationality or for passports when we take reservations, so you will have to find out later when the tour begins.
모르겠어요. 예약할 때 국적을 묻는다거나 여권을 받지는 않아서요. 투어 시작할 때 직접 알아내셔야겠네요.

Gina
Oh, okay.
아, 알겠습니다.

Tour Agency
But I do remember an Asian girl, who signed up today. She might be Korean.
하지만 오늘 아시아 여성 한 분이 예약하신 건 기억이 나요. 어쩌면 그분이 한국 사람일 수도 있겠네요.

Gina
I hope so. I think it'd be more fun to meet a Korean friend at the tour.
그랬으면 좋겠네요. 투어에서 한국 친구를 만나게 되면 더 재미있을 것 같아서요.

Tour Agency
Even if she's not a Korean you can still make friends, and with everyone else as well. It will be fun.
한국 분이 아니더라도 친구 하면 되지요. 다른 사람들하고도요. 재미있을 거예요.

---

nationality 국적
sign up 등록하다

영어로만 하나요?

Gina
Will the tour be conducted only in English?
투어 진행은 영어로만 하나요?

Tour Agency
**No, it will be English and Spanish both.
Our tour guide is a bilingual.**
아니요. 영어와 스페인어 두 개로 할 겁니다.
우리 가이드가 2개 국어를 해서요.

Gina
Oh, is there an English-only program?
아, 그럼 영어로만 하는 프로그램이 있나요?

Tour Agency
There is–we have two a day. Would you prefer that one?
네, 하루에 두 번 있어요. 그게 더 좋으시겠어요?

Gina
Yes. What time do you have them?
네. 몇 시에 있나요?

Tour Agency
We have English-only tours at noon and at 3 pm, everyday including weekends.
영어로만 하는 건 12시와 3시에 있고, 주말까지 포함하여 매일 진행합니다.

---

conduct 진행하다 **bilingual** 두 개 언어를 할 줄 아는 **prefer** 선호하다
including weekends 주말 포함

Travel Tip

유명한 여행지는 자국민 여행객들도 많이 오기 때문에 영어로만 진행하지 않는 경우도 많아요. 미국은 스페인어와 영어를 동시에 사용하기도 하고요. 유럽에선 해당 국가의 언어와 영어를 함께 사용하기도 합니다. 우리에게는 이 편이 더욱 헷갈리고 시간도 많이 걸리죠. 저는 영어로만 하는 투어가 더 나은 것 같아요.

+ more expressions

Do I have to make a reservation?
예약해야 해요?

So do I come back at six for the tour?
그럼 투어 하러 여섯 시에 다시 오면 되나요?

Do I need to bring the receipt back?
영수증 다시 들고 와야 하나요?

Is there a ticket or a receipt I can take?
티켓이나 영수증 안 주시나요?

Do you have any Korean guides?
혹 한국어 가이드 분들은 안 계신가요?

Is there any possibility of cancellation?
투어가 취소될 가능성도 있나요?

Will it still be on even in rain?
비가 와도 진행되나요?

4 투어 알차게 듣기
MAKING THE BEST OF IT

호스텔에서 진행하는 무료 투어건, 큰맘 먹고 거금을 들여 하는 프라이빗 투어건 간에 다른 사람의 지식과 안내에 의존하여 관광지를 둘러보는 것은 혼자 책을 참고해 살펴보는 것과는 완전히 다릅니다. 조금만 다른 생각을 하다간 놓치는 부분이 많고, 언제 쉬어 가는지, 사진은 언제 찍을 수 있는지, 화장실은 언제 다녀오는지 궁금한 것 투성이지요. 언어가 불편하다고 참기만 하면 나만 손해! 물어보는 만큼 알차고 보람찬 투어를 즐길 수 있어요!

Travel words

get	이해하다(=understand)
spelling	철자
~ minute break	~분간의 쉬는 시간
meet back	다시 만나다
abandon post	자리를 비우다
explain	설명하다
explanation	설명

다시 한 번 설명해 주세요

Tour Guide …and it was created by the Medici family in the 14th century.
··· 그리고 메디치 가에 의해 14세기에 조성되었습니다.

Gina I'm sorry. Could you repeat that? I didn't get the last part.
죄송합니다. 한 번 더 말씀해 주시겠어요? 마지막 부분을 못 들었습니다.

Tour Guide Of course. I just said that this beautiful garden was created by the Medici family in the 14th century.
그럼요. 방금 말씀 드린 것은 이 아름다운 정원이 메디치 가에 의해 14세기에 조성되었다는 것이었어요.

Gina Thank you. 감사합니다.

Tour Guide You got all that? Are you sure?
전부 다 이해되었나요? 확실한가요?

Gina Well... just once more please. So sorry.
음··· 딱 한 번만 더 알려 주세요. 죄송해요.

Tour Guide Don't be! I'll repeat once more.
죄송해할 필요 없어요! 한 번 더 말씀 드릴게요.

Travel Tip

투어 중 질문은 언제 해야 할까요? 걸어가면서 바쁘게 설명이 이어지는 경우엔 끝난 후 묻는 것이 좋고, 서서 천천히 설명하고 있다면 진도가 너무 나가기 전에 질문하는 게 좋아요. 주변 사람들도 못 알아들은 표정이라면 언제든 총대를 메도 좋고요. 저는 총대를 곧잘 메는 편인데요, 그러면 식사 시간, 쉬는 시간에 자연스레 말을 걸어 오는 사람들이 생긴답니다. 사람들과 친해질 수 있는 기회지요. 질문을 해도 되는 타이밍인지 모르겠다면 손을 드세요. "질문은 조금 있다가 한꺼번에 받을게요." 또는 "네, 질문!"이라고 가이드가 알아서 진행합니다.

천천히 철자를 불러 주시겠어요?

Tour Guide — …and finally we have the Basilica di San Marco to our right. Let's take five – you can take photos of the tower now.
… 그리고 드디어 우리 오른쪽 옆에 산마르코 성당이 있습니다. 잠깐 쉴게요. 이제 탑 옆에서 사진을 찍으시면 됩니다.

Gina — Excuse me, could you tell me the spelling of this, um, tower, again?
죄송한데 음. 이 탑 이름 철자를 한 번 더 말씀해 주시겠어요?

Tour Guide — The basilica? Sure, it's B-A-S-I-L-I-C-A di, S-A-N space, M-A-R-C-O.
성당요? 네. B-A-S-I-L-I-C-A di, S-A-N 한 칸 띄고, M-A-R-C-O입니다.

Gina — S-A-N, and...
S-A-N. 그다음엔….

Tour Guide — M-A-R-C-O.
M-A-R-C-O.

Gina — Thank you so much. I'm not used to the English alphabet, so it's taking me a while.
감사합니다. 영어 철자에 익숙하지 않아서 시간이 좀 걸리네요.

Tour Guide — No problem. I'm sure I will need an hour if I'm writing down any Korean.
별말씀을요. 저한테 한글을 받아 적으라 했으면 한 시간은 걸렸을걸요.

---

have ~ to our right/left ~을 오른쪽/왼쪽에 두다
take five 잠깐 쉬다   **take a while** 시간이 좀 걸리다

쉬는 시간이 몇 분이라고 하셨죠?

Tour Guide — Now we will take a twenty five minute break for toilets and photos, etc. Let's meet back at this square at 1:30.
이제 25분간 쉬면서 화장실도 다녀오고 사진도 찍고 할게요.
이 광장에서 1시 30분에 다시 만납시다.

Gina — I'm sorry, how many minutes are we getting?
죄송해요. 몇 분이라고 하셨죠?

Tour Guide — Twenty five, two, five. It's five past one right now, so we meet back here in this square at 1:30 pm.
25분. 2, 5요. 지금 1시 5분이니 이 광장에서 1시 30분에 다시 만나는 겁니다.

Gina — OK. But I'm worried I will get lost after going to the toilet.
네. 하지만 화장실을 다녀와서 길을 잃을까 봐 걱정이 돼서요.

Tour Guide — Haha, don't worry. I won't leave without you. And the toilet is on the second floor of the department store over there, so you won't get lost.
하하, 걱정 마세요. 두고 떠나지는 않을게요. 그리고 화장실은 저 백화점 2층에 있으니 길 잃을 염려도 없습니다.

Gina — OK. Thank you. 네, 감사합니다.

Tour Guide — No worries. And I'm not going to abandon post during the break so I will be here until 1:30.
걱정 마세요. 전 자리를 비우지 않을 거고 1시 30분까지 계속 여기에 있을 거예요.

규모가 큰 그룹 투어에 혼자 참가했다면 돌다리도 두들겨 보는 심정으로 가이드에게 물어보도록 하세요. 같은 입장인 여행객에게 물어보지 말고요.

포토타임이 있나요?

Gina
Excuse me, will we have a separate photo time?
저, 사진 찍는 시간이 따로 있나요?

Tour Guide
Yes of course, just after I finish explaining the history of the ruins, I will give you 15 minutes to take pictures.
그럼요. 이 유적지 역사 설명을 마치면 사진 찍을 시간을 15분 드릴 겁니다.

Gina
OK. Great.
네. 좋아요.

Tour Guide
You will be able to take plenty of pictures at each site after explanations so don't worry.
가는 곳마다 설명 후 사진 찍을 시간이 충분할 테니 걱정 마세요.

Gina
Thank you so much.
정말 감사해요.

Tour Guide
No problem. I will be your photographer for the day as well.
별말씀을요. 오늘 제가 사진사도 해 드리지요.

---

separate 별개의   **ruins** 유적지   **plenty of** 많은
site 장소   **for the day** 하루 동안

영어로 낯선 유적이나 미술품 설명을 들으면서 동시에 사진까지 찍는 건 쉽지 않아요. 포토타임이 있는지 초반에 물어보세요. 설명만 열심히 듣다가 사진 한 장 못 남길 수도 있고, 사진 찍으랴 설명 들으랴 정신이 하나도 없었는데 나중에 포토타임을 주면 그것도 허무하니까요. 조바심과 걱정이 충만한 저는 언제나 미리 물어봅니다.

more expressions

Are we meeting back here?
우리 여기로 다시 모이는 건가요?

I beg your pardon?
죄송한데 다시 한 번 말씀해 주세요.

Could you write it down for me?
써 주실 수 있어요?

What was the surname again, please?
성이 뭔지 한 번 더 말씀해 주세요.

Is it okay if I just stay in the car? I'm a little car sick.
차에 계속 있어도 될까요? 약간 멀미가 나서요.

Do you happen to have any aspirin?
혹시 아스피린 갖고 계세요?

Is there a pharmacy nearby?
혹시 근처에 약국 있나요?

Can I quickly go and get some aspirin?
잠깐 가서 아스피린만 사올 수 있을까요?

How long is the break again?
휴식시간을 몇 분이라고 하셨죠?

6 소핑
SHOPPING

1 옷 가게에서 1
AT A CLOTHING STORE 1

혹시, 옷 가게 들어가서 마음에 드는 것 집고 바로 계산하고 나오는 분? 부럽습니다^^. 여러 번 입어 보고, 망설이고, 여러 가게를 둘러봤는데도 결정을 못 내리는 분들은 해외에서도 마찬가지죠. 이럴수록 우물쭈물하지 말고 물어 보는 게 답이에요!

Travel words

vivid	강렬한
put on	입다(=wear, try)
summer season	여름시즌 spring/fall/winter/last season 봄/가을/겨울/지난 시즌
shade	색
fit	(옷이 몸에) 맞다
changing room	탈의실
pair	켤레, 쌍(바지, 안경, 구두의 단위)
sold out	품절의, 매진된
restock	재고를 다시 채우다
local brand	현지 브랜드
limited edition	한정판

여름 옷을 찾고 있어요

Shopkeeper: **Good morning!** 안녕하세요!

Gina: **Hello.** 안녕하세요.

Shopkeeper: **Would you like to try that one?**
그거 입어 보시려고요?

Gina: **The color is too vivid. Do you have something in a pastel tone?**
색이 너무 강해요. 파스텔톤은 없나요?

Shopkeeper: **It's a bit too much? It's very different once you put it on.**
조금 과한가요? 막상 입어 보면 굉장히 달라요.

But I can show you something else too. What are you looking for, a dress?
하지만 다른 것도 보여 드릴 수 있어요. 무얼 찾으시나요, 원피스?

Gina: **Well, yeah, nothing in particular.**
Something for the summer season maybe?
음, 네. 딱히 찾는 건 없어요. 여름에 입을 뭔가가 있었으면 좋겠는데요.

Shopkeeper: **I know just what you need. Hang on.**
있어요. 잠시만요.

Gina: **Wow, that's just what I was looking for! But do you have it in a little lighter shade?**
와, 제가 찾던 게 바로 이거예요! 근데 살짝 더 밝은 게 있을까요?

Do you have something in~? ~로 된 것 없나요?   **nothing in particular** 특별히 찾는 것은 없다
something for~ ~를 위한 어떤 것   **hang on** 잠깐 기다리세요

어디에서 입어 볼 수 있나요?

Gina: **Do you have this in size 4?**
이거 사이즈 4가 있나요?

Shopkeeper: **UK size 4?**
영국 사이즈로 4요?

Gina: **Yes. UK size 4… and 6. I'm not sure which one will fit.**
네. 영국 사이즈로 4… 그리고 6도요. 어떤 것이 맞을지 모르겠어요.

And, where can I try this dress on?
그리고, 이 원피스는 어디에서 입어 볼 수 있나요?

Shopkeeper: **The changing room is on the second floor. You can try up to six pieces each time.**
탈의실은 2층에 있습니다. 한 번에 최대 여섯 벌 입어 보실 수 있어요.

Gina: (handing over a pair of jeans) **May I try on another pair? I think these are a little small for me.**
(청바지를 건네며) 하나 더 입어 봐도 될까요? 이건 제게 좀 작은 것 같아요.

Do you have this in~? 이거 ~ 사이즈 있나요?
up to ~까지
small for me 나에게 작다

Travel Tip

영국, 미국, 유럽, 한국은 신발과 의류 사이즈 표기가 다릅니다. 보통 옷에 모두 함께 표기가 되어 있으나 한국 사이즈로는 나와 있지 않은 경우가 대부분이니 본인의 옷, 신발 사이즈를 영국, 미국, 유럽 사이즈로 알아 두는 것이 좋아요. 처음 여행 갔을 때 현지 사이즈 체계를 모르고 "한국 사이즈로는 245mm인데요"라고 했다가 통하지 않아 난감했던 기억이 나네요.

의류 사이즈 비교표

(출처:의류 브랜드 바나나 리퍼블릭 사이즈 차트)

구분	한국	미국/캐나다	영국/호주	유럽
XS	44(85)	0-2	4-6	32-34
S	55(90)	4-6	8-10	36-38
M	66(95)	8-10	12-14	40-42
L	77(100)	12-14	16-18	44-46
XL	88(105)	16	20-22	48
XXL	110	18	-	50

신발 사이즈 비교표

한국	미국/캐나다	영국/호주	유럽
225	5.5	2.5	35.5
230	6	3	36
235	6.5	3.5	36.5
240	7	4	37
245	7.5	4.5	37.5
250	8	5	38
255	8.5	5.5	38.5
260	9	6	39
265	9.5	6.5	39.5
270	10	7	40
275	10.5	7.5	40.5

브랜드별로 사이즈가 상이할 수 있으니 Zara 등의 대형 브랜드라면 홈페이지에서 브랜드 사이즈 가이드를 미리 참조하도록 합니다.

언제 재입고 될까요?

Gina — **Excuse me, I can't find the sportswear section. Can you tell me where it is?**
실례합니다. 스포츠웨어 코너를 못 찾겠어요. 어디 있는지 알려 주시겠어요?

Shopkeeper — **Sure. They are just behind you. What are you looking for?**
네. 바로 뒤에 있어요. 뭐 찾으시나요?

Gina — **The new Nike hoodies.**
새로 나온 나이키 후드 점퍼요.

Shopkeeper — **I'm sorry but they've been sold out for days now.**
죄송하지만 며칠 전에 다 나갔어요.

Gina — **Do you know when they will be restocked?**
언제 재입고 될까요?

Shopkeeper — **Not for weeks. But I can find out if other stores in the city have one. Do you want me to find out?**
몇 주는 걸릴 거예요. 하지만 다른 매장에 재고가 있는지 알아볼 수는 있어요. 그렇게 해 드릴까요?

Gina — **Yes, please!**
네, 부탁합니다!

Can you tell me where ~ is/are? ~가 어디 있는지 알려 주시겠어요?
The new~ 새로 나온~, ~의 가장 최신판

more expressions

Is this a local brand?
여기 현지 브랜드 제품인가요?

Is it limited edition?
한정판인가요?

Does it come in any other sizes/colors?
다른 크기/색으로도 나오나요?

It doesn't fit.
안 맞아요.

It doesn't fit around the waist.
허리가 맞지 않아요.

Should I try on a bigger size?
더 큰 사이즈를 입어 보는 게 나을까요?

May I try this on?
이거 입어 볼 수 있나요?

Are the last season items on sale?
지난 시즌 상품은 할인하나요?

When does the sale begin/end?
세일은 언제 시작하나요/끝나나요?

Do you have anything less expensive?
조금 더 저렴한 건 없나요?

2 옷 가게에서 2
AT A CLOTHING STORE 2

구매를 결심하기 전엔 좀 더 구체적인 대화를 나누게 되죠. 원하는 무늬의 옷이 있는지, 수선은 가능한지, 보증서는 언제까지 유효한지, 알아 두면 후회 안 할 표현들을 지금부터 소개할게요.

Travel words

What about~? ~은 어떠세요?
손님으로서 가장 많이 듣게 될 표현. 제안받는 걸 싫어하는 독립적인 소비자라면 "I'm just looking around"라고 말하면 됨

brings out your~ 당신의 ~를 더 돋보이게 하다
brings out your skin tone/face line/cheek bones 당신의 피부 톤/얼굴 윤곽/광대뼈를 더 돋보이게 합니다
가장 많이 쓰이는 표현은 "It brings out your eyes."(이 옷은 너의 눈을 돋보이게 해)

warranty 품질 보증서

spare button 여분 단추

어느 것이 낫나요?

Gina
Um, can I ask you for advice?
저, 조언을 구해도 될까요?

Shopkeeper
Of course you can. What's the matter?
그럼요. 무슨 일이세요?

Gina
I can't decide between the two. Which do you think looks better on me?
둘 중 어떤 것을 고를지 모르겠어요. 어떤 것이 더 제게 잘 어울리나요?

Shopkeeper
Hmm. They both look nice on you, but I think the green brings out your eyes.
흠. 둘 다 잘 어울리는데 녹색 옷이 당신 눈을 더 돋보이게 하네요.

Gina
You think? I'll go with the green one then!
그래요? 그럼 녹색으로 할게요!

Shopkeeper
Great choice!
훌륭한 선택이에요!

---

decide between the two 둘 중 어느 하나로 정하다
look better 더 잘 어울리다, 더 예뻐 보이다
I'll go with~ ~를 사겠다

이 치마에는 어떤 블라우스를 입어야 좋을까요?

Gina **Can I ask you one more thing?**
하나 더 물어봐도 되나요?

Shopkeeper **You can ask me as many questions as you like! What's the problem?**
얼마든지요. 어떤 게 문제인가요?

Gina **What would go well with this skirt?**
이 치마엔 뭐가 잘 어울릴까요?

Shopkeeper **Well it's a basic design, so everything will look nice. What about this dotted blouse? Something printed would be great.**
기본 디자인이라 뭐든지 다 괜찮아요. 이 물방울무늬 블라우스는요?
무늬가 있는 옷이 좋을 것 같은데요.

Gina **Do you have any striped blouses?**
줄무늬 블라우스 있나요?

Shopkeeper **Yes, we do. I'll find you one.**
네. 찾아 드릴게요.

—

basic design 기본 디자인   **dotted** 물방울무늬가 있는
printed 무늬가 있는   **striped** 줄무늬가 있는

 Travel Tip

checked 체크무늬의   plaid 스코틀랜드식 격자무늬의   narrow 좁은
wide 넓은   tight 꼭 맞는   loose 헐렁한

140

한국에서 수선도 가능한가요?

Gina Can I get serviced in Korea if something breaks or rips?
뭐가 부러지거나 찢어지면 한국에서 서비스 받을 수 있나요?

Shopkeeper Of course. You can get serviced anywhere in the world if you bring your warranty card to one of our stores.
물론입니다. 보증서를 가지고 방문하시면 세계 어느 매장에서도 서비스 받으실 수 있습니다.

Gina So it will be the same as getting serviced here?
여기에서 서비스 받는 것과 동일하다는 거죠?

Shopkeeper Yes. Don't worry. But this is a very sturdy bag. You probably won't need any after service at all.
네. 하지만 이 가방은 굉장히 튼튼해서 애프터 서비스가 필요하지 않을 거예요.

Gina OK. Do I need to keep my receipt as well?
네. 영수증도 가지고 있어야 하나요?

Shopkeeper No need for that.
그러실 필요는 없습니다.

---

get serviced 서비스를 받다
sturdy 견고한, 튼튼한

asymmetrical 비대칭의
embroidered 수가 놓인
stretchy 신축성 있는
hooded 모자가 달린
feminine 여성스러운
slimming 날씬해 보이는

more expressions

Would it look good with jeans, too?
청바지와 입어도 예쁠까요?

Already have something like this… I'm looking for something different.
이런 옷은 이미 있어서… 좀 색다른 걸 찾고 있습니다.

I want something like this but without the ruffles.
이거랑 비슷한데 주름 장식이 없는 것을 원해요.

Do I need to dry clean this?
이거 드라이 클리닝 맡겨야 하나요?

Does it come with a spare button?
여분 단추도 같이 주나요?

It's for my sister. Will it fit her? She's 166cm tall.
언니 주려고 하는데요. 잘 맞을까요? 언니 키가 166cm입니다.

I'll take this.
이걸로 할게요.

How long is the warranty?
보증서는 언제까지 유효하나요?

3 기념품 사기
BUYING SOUVENIRS

기념품을 사는 것은 백화점이나 상점에서 의류, 잡화를 사는 것과는 조금 다릅니다. 길거리 시장이나 매대에서는 정가 스티커가 붙어 있어도 흥정이 가능하기 때문이지요. 현금으로 지불을 하거나 많은 양을 살 때는 더 말할 것도 없어요. 게다가 기념품은 다른 상품보다도 가격을 높이 부르는 경우가 많기 때문에 얼마만큼 아낄 수 있는지는 각자의 역량에 달려 있어요.

Travel words

salesperson	판매원
cashier	계산원
gift-wrapping corner	선물포장 코너
paper bag	종이봉투
plastic bag	비닐봉지
budget	예산
get-well card	병문안 카드
rip off	바가지
	비교적 센 표현이기 때문에 파는 사람 면전에 사용하는 것은 비추.
	대놓고 호갱님 취급할 땐 '어디서 바가지야!'라는 느낌으로 쓸 수 있음

흥정하기 1

Gina	**How much is this keychain?** 이 열쇠고리 얼마죠?
Salesperson	**It's five euro.** 5유로입니다.
Gina	**No way! It's too expensive. I'll look around more then.** 말도 안 돼! 너무 비싸요. 그럼 다른 곳 더 둘러볼게요.
Salesperson	**Hey, hey, wait! How about three?** 어, 잠깐만요! 3유로는 어때요?
Gina	**Haha, no thank you.** 하하, 됐어요.
Salesperson	**How much are you thinking?** 얼마를 생각하세요?
Gina	**2 for 3 euro.** 두 개에 3유로에 주세요.

No way 말도 안 돼
I'll look around more then 그럼 더 둘러보겠다
A for B A 개에 B 가격

깎아서 사고 싶다면, 또는 깎아서 살 수 있을 것 같다면 "I'll look around more then"이라 말하고 천천히 움직여요. 아예 살 마음이 없어졌다면 그냥 "OK!"라 대답하고 가던 길을 가는 것이 좋습니다. 처음에 부른 가격이 너무 세다면 저는 그냥 패스합니다. 경험상 흥정해도 원하는 가격까지 내려오지 않더라고요.

흥정하기 2

Gina
I'll take both of them for 50 dollars.
두 개 다 살 테니 50달러에 주세요.

Salesperson
That leaves me nothing. $55?
그럼 저는 하나도 안 남아요. 55달러는 어때요?

Gina
I haven't got 55. I just have enough for bus and lunch.
55달러 없어요. 딱 버스비와 점심값만 있어요.

Salesperson
Well, okay then. But this is a very, very good deal you know.
그럼 뭐, 알겠어요. 하지만 이거 정말정말 잘 사는 거 알지요?

Gina
Of course! I'll tell all my friends back in Korea.
그럼요! 한국 가서 친구들한테 소문낼게요.

good deal 좋은 가격/거래

 Travel Tip

남은 돈의 사용처를 밝히는 이유는? 돈이 없다고 해놓고 계산할 때 100달러를 내밀면 "돈 있으면서 뭘!"이라는 소리를 들을 수 있잖아요. 그래서 미리 선수를 치는 거예요. 가끔은 "학생이에요" 하는 말도 흥정할 때 도움이 됩니다.

선물포장 해주세요

Gina
: Can I have it gift-wrapped?
이거 선물포장 되나요?

Cashier
: Yes. You need to go to the gift-wrapping corner with a ticket. It's five dollars.
네. 티켓 가지고 선물포장 코너로 가시면 돼요. 5달러입니다.

Gina
: Oh, it's more expensive than I thought. How about just a paper bag? Does it not come with a box?
아, 생각했던 것보다 비싸네요. 그럼 그냥 종이봉투는요?
원래 상자에 담겨 있는 것이 아닌가요?

Cashier
: It does. I'll put it in the box and give you a paper bag.
맞아요. 상자에 넣어 종이봉투랑 드릴게요.

Gina
: Thank you. And do you have birthday cards here?
감사합니다. 그리고 여기 생일카드도 판매하나요?

Cashier
: At the gift-wrapping corner, yes.
선물포장 코너에서 판매합니다.

---

gift-wrap 선물용으로 포장하다   **come with~** ~가 포함되어 있다

외국에서 선물포장은 언제나 유료라 생각하시면 됩니다. 무료로 해주는 곳은 매우 드물고, 포장 코너가 있는 곳도 거의 대형 백화점뿐이에요. 선물포장은 가격대가 상당하고 그만큼 포장도 화려합니다. 대형마트에서 1, 2달러 정도면 포장지나 포장지 무늬의 봉투를 살 수 있으니 여러 개를 포장해야 한다면 셀프 포장을 추천합니다.

+ more expressions

That's way too much.
그건 너무 비싸요.
(way의 모음을 길~게 할수록 얼마나 비싼지가 강조됨)

That's beyond my budget.
제 예산을 넘는 가격이네요.

I was thinking around $30.
전 30달러 안팎을 생각하고 있었어요.

I can't spend $50 on a cup!
컵 하나에 50달러를 어떻게 써요!

Do you sell gift-wrapping paper here?
여기 포장지 판매하나요?

I need some Christmassy wrapping paper.
크리스마스 느낌이 나는 포장지가 필요합니다.

Can you put a ribbon around it too?
리본도 둘러 주실 수 있나요?

I don't need wrapping, but can I get some bubble wrap?
포장은 필요 없지만 충전재를 좀 받을 수 있을까요?

Do you have get-well cards?
병문안 카드 있나요?

What a rip-off!
완전 바가지로군!

4 계산하기
PAYING

여행지에서의 쇼핑만큼 즐거운 것도 없지요. 한국과 비교해서 훨씬 싼 상품들을 담아 올 때의 희열이란! 문제는 흥분해서 계산 실수를 하는 경우도 종종 있다는 거예요. 가격이 맞는지, 할인은 받았는지 마지막까지 꼼꼼하게 챙겨요.

Travel words

price tag	가격표
on a ~% sale	현재 ~% 세일 중
VAT(value added tax)	부가가치세
price after the discount	할인 후 가격
total	총액, 합산한 금액
debit card	직불카드
ship	운송하다
overseas shipping	국제 배송(=International shipping)
discounted price	할인가
wrong change	잘못 거슬러 준 잔돈 계산이 틀리거나 일부러 잘못 주는 경우가 생각보다 많으므로 가급적 거스름돈이 남지 않도록 맞춰 내는 것이 현명한 방법
valid	유효한
interest free	무이자로
card company	카드회사

가격 문의하기

Gina	**Excuse me, how much is this bag?** **There is no price tag.** 저, 이 가방은 얼마인가요? 가격표가 안 붙어 있어요.
Shopkeeper	**It's $350, but it's on a 15% sale.** 350달러인데 지금 15% 할인하고 있어요.
Gina	**Is VAT included?** 부가가치세 포함인가요?
Shopkeeper	**Yes. The sale ends tomorrow and that's the last one.** 네. 세일은 내일까지인데 그게 마지막 남은 거예요.
Gina	**What is the price after the discount?** 할인 후 가격이 어떻게 되는 건가요?
Shopkeeper	**It's $297.50.** 297.50달러입니다.

숫자를 읽을 때 소수점 이하는 한 자리씩 따로 읽으면 되지만 가격을 읽을 때는 두 자리로 읽는 것이 보통입니다. 예를 들어 숫자 35.628을 읽을 때는 Thirty five point six two eight이라 하지만, $14.20을 읽을 때는 fourteen dollars twenty cents 또는 fourteen twenty라고 하지요.

결제하기

Gina
So if I take these two skirts and the jacket, what's the total?
여기 치마 두 개와 재킷을 사면 총 금액이 얼마인가요?

Cashier
It's $470 all together.
모두 합해 470달러입니다.

Gina
Do you accept debit cards?
직불카드 되나요?

Cashier
Yes, we do. But you have to have VISA, MasterCard, or Maestro mark on your card.
네, 받습니다. 하지만 카드에 VISA, MasterCard, 또는 Maestro 마크가 있어야 해요.

Gina
Mine's MasterCard.
제건 마스터카드예요.

Cashier
Then there's no problem.
그럼 전혀 문제 없습니다.

---

all together 모두 합해   **accept** 받다, 수용하다, 허용하다

알뜰하게 아낄 수 있는 방법을 알아 가면 해외쇼핑의 즐거움은 두 배가 되지요. 사용하는 카드가 해외 구매 혜택이 있는지, 시장이나 보세 상점이라면 현금으로 사는 편이 더 좋은지 등을 알아보고 가세요.

쿠폰 사용하기

Gina
Can I use this coupon?
이 쿠폰을 사용할 수 있나요?

Cashier
Are you a member of this department store?
이 백화점 회원이신가요?

Gina
No, I just got it at the entrance.
아니요. 그냥 입구에서 받은 거예요.

Cashier
This coupon is for members-only, but you can use this coupon.
이 쿠폰은 회원 전용이지만 사용하실 수 있어요.

Gina
Oh, thank you. How much of a discount am I getting?
아, 감사합니다. 얼마나 할인을 받게 되나요?

Cashier
You get 15% off.
15% 할인이 됩니다.

Gina
For all products?
모든 상품에요?

—

entrance 입구
members-only 회원제의
off 할인되어

배송 문의하기

Gina
Do you ship overseas?
해외배송 하시나요?

Cashier
Yes, we do. To which country?
네, 합니다. 어느 나라로요?

Gina
South Korea. How much is it and how long does it take?
한국요. 가격이랑 기간은 어떻게 되나요?

Cashier
We use the local post office so it's the same price as them. It depends on the weight. It will take about one week if you send it express.
저희는 지역 우체국을 이용하기 때문에 가격도 같습니다. 무게에 따라 다르고요. 급행으로 보내시면 1주 정도 걸립니다.

Gina
OK… then could you just send it to a local address?
네… 그럼 그냥 이 지역 주소로 배송해 주시겠어요?

Cashier
Sure. That only takes about three days.
네. 그건 3일 정도면 됩니다.

---

overseas 해외
depend on~ ~에 의해 결정되다
local address (해당) 지역 주소

타 국가로 해외배송을 시키는 경우 웹사이트에서 배송번호로 배송조회를 할 수 있도록 하는 국가들이 많습니다. 배송번호가 적혀 있는 접수증이나 영수증은 꼭 보관합니다. 환불이나 교환 등의 사유로도 영수증이 필요할 수 있으니 여행 중에는 모든 영수증을 챙기도록 해요.

+ more expressions

Can I pay half in cash and half with my credit card?
반은 현금, 반은 카드로 계산해도 될까요?

I'm afraid you gave me the wrong change.
잔돈을 잘못 주신 것 같습니다.

Until when is this coupon valid?
이 쿠폰은 언제까지 유효한가요?

Can I use these two coupons together?
이 두 쿠폰 함께 써도 되나요?

Can I track the delivery?
배송 추적 가능한가요?

Could I pay in installments?
할부 가능한가요?

How many months?
몇 개월로요?

Three months please. Is it interest free?
3개월요. 무이자인가요?

You will have to check with your card company.
카드사에 문의해 보셔야 할 것 같습니다.

7 식당에서

AT RESTAURANTS

1 주문하기
ORDERING

관광명소만큼이나 새롭고 신기한 것이 바로 여행지의 식문화입니다. 처음 대하는 현지식에 과감히 도전해 보는 건 어떨까요? 아무리 맛있는 현지식도 현지의 한식당에서 먹는 한식만큼은 따라올 수가 없지만요.

Travel words

order	주문하다 사실 order보다 have를 더 많이 사용. "I'll order a cheeseburger"보다 "I'll have a cheeseburger"가 더 자연스러운 표현
dish	요리 fish/meat/noodle dish 생선/고기/면 요리 dish를 접시, 그릇이라는 뜻으로 혼동하지 않도록 유의
organic	유기농의
fresh	신선한
next table	옆 테이블
dessert menu	디저트 메뉴판
spicy	매운
kid's menu	어린이 메뉴
leave out	빼다

음료 주문하기

Waiter
Can I start you off with a drink?
음료부터 주문하시겠습니까?

Gina
Sure. What do you have?
네. 뭐가 있나요?

Waiter
Wine, beer, soda, everything.
Would you like to try some Sangria?
와인, 맥주, 탄산음료, 다 있습니다. 상그리아 마셔 보시겠어요?

Gina
Okay. We will have a pitcher.
네. 그럼 피처로 주세요.

And could you also recommend a reasonably priced bottle of wine? I've never tried Spanish wine.
그리고 가격대가 괜찮은 와인 한 병도 추천해 주세요.
스페인 와인은 마셔 본 적이 없어요.

---

start off with~ ~으로 시작하다
pitcher (음료를 담는) 큰 유리병, 피처
reasonably priced 적정 가격의

Travel Tip

양식은 식전 입맛을 돋우는 음료를 먼저 시켜 놓고 마시면서 천천히 식사를 고르는 것이 일반적이에요. 따라서 웨이터가 메뉴판을 주고 곧 다시 왔다면 식사 주문이 아니라 음료 주문을 받으러 오는 경우가 많습니다. 물도 그냥 주지 않아 시켜야 하니(유료예요!) 무료인 수돗물을 마시고 싶다면 tap water(수돗물)를 달라 하고 그렇지 않으면 mineral/sparkling water(일반 생수/탄산수)를 주문합니다.

메뉴 질문하기 1

Waiter   **Are you ready to order?**
주문하시겠습니까?

Gina   **I'll have the shrimp noodles and my friend will have the pasta salad. Is the noodle dish big enough to share?**
저는 새우 면, 제 친구는 파스타 샐러드요. 면 요리는 나누어 먹을 수 있는 양이 되나요?

Waiter   **If you are also having the pasta salad it will be more than enough between the two of you.**
파스타 샐러드도 함께 드신다면 두 분이서 충분하고도 남습니다.

If you just order the noodles it won't be enough.
면만 시키면 모자랄 거예요.

Gina   **OK. And can I have it without paprika?**
네, 그리고 파프리카 빼 주실 수 있나요?

Waiter   **Yes, of course. What dressing would you like with the salad?**
네, 그럼요. 샐러드 드레싱은 무엇으로 하시겠습니까?

Gina   **Ranch please. On the side.**
랜치로 주세요. 따로 담아 주세요.

---

big enough to share 나누어 먹을 수 있을 정도로 양이 충분하다
more than enough 충분하고도 남는다   **have it without~** ~을 빼다
on the side 따로 담다

"웨이터!" 하고 소리쳐 부르는 문화가 통용되는 곳과 아닌 곳이 있으니 분위기를 살펴 따라가도록 합니다. 프랑스의 경우는 아무리 오래 걸려도 눈을 마주친 다음 손을 살짝 들어 보이는 것이 바람직합니다.

메뉴 질문하기 2

Gina **Do you have anything organic?**
유기농 메뉴 있나요?

Shopkeeper **No, I'm sorry. But everything is super fresh. Trust me.**
아뇨, 죄송합니다. 하지만 전부 굉장히 신선해요. 믿어 보세요.

Gina **What is the next table having? That looks delicious.**
옆 테이블에서 먹는 게 뭐예요? 저거 맛있어 보여요.

Shopkeeper **It's a quesadilla. Very delicious.**
케사디야입니다. 굉장히 맛있어요.

But it comes with peanut sauce, so if you are allergic I don't recommend it.
하지만 땅콩 소스와 함께 나오기 때문에 알레르기가 있으시다면 추천하지 않습니다.

Gina **No, I'm not allergic but maybe next time. I think I will be too full.**
알레르기는 없지만 다음번에 먹어 볼게요. 너무 배부를 것 같아요.

Could I get the dessert menu instead?
대신 디저트 메뉴판 좀 주시겠어요?

---

look delicious 맛있어 보이다
allergic 알레르기가 있는
full 배부르다

이유는 모르겠지만 외국인들은 유독 알레르기가 많습니다. 미주 국가들은 더욱 그렇습니다. 그래서 주문 시 알레르기가 있는 식재료가 있는지 물어보는 경우가 굉장히 많아요. 만약 특정한 식재료에 알레르기를 일으킨다면 주문 전에 이야기하세요.

+ more expressions

What do you recommend?
무엇을 추천하시나요?

Is it spicy?
매콤한가요?

I'm afraid I didn't leave any room for dessert.
디저트를 먹을 수도 없게 배불리 먹었네요.

Could you leave out the tomatoes in the salad and more apples instead?
샐러드에 토마토는 빼고 대신 사과를 더 많이 넣어 주시겠어요?

Hamburger with everything.
햄버거에 (속) 다 넣어 주세요.

Can I order the kid's menu? I'm not that hungry.
어린이 메뉴를 주문해도 되나요? 많이 배고프지 않아서요.

2 주문 관련 대화
TALKING ABOUT MY ORDER

이미 주문한 것을 바꾸거나 갑자기 포장을 해야 하거나 추가로 주문할 때는 뭐라고 말해야 할까요? 소통은 돌발상황에서 더욱 절실한 법이니 이번 대화들은 조금 더 주의를 기울여 익혀 보세요!

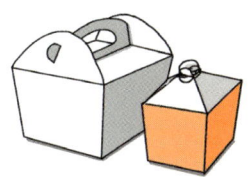

Travel words

cutlery	식기구 cutlery보다 forks and knives가 더 일반적. 1인인 경우에는 a fork and a knife라 말하면 O.K!
side dish	사이드 디시(식사 옆에 곁들여 먹는 샐러드나 감자 튀김 등)
place setting	테이블 세팅
refill	리필, 리필을 하다/받다
last order	(주방이 문을 닫기 전) 마지막 주문

메뉴 변경하기

Gina — Excuse me. Can I substitute the chicken for beef?
저기요. 닭고기를 소고기로 바꿀 수 있나요?

Waiter — Of course. The order didn't go in yet. Anything else?
그럼요. 아직 주문이 들어가지 않았습니다. 또 다른 것은요?

Gina — Another set of cutlery please, I just dropped mine. Oh, and I'd like to size-up the hamburger dish, please.
식기도구 하나 더 주세요. 방금 떨어뜨렸거든요. 아, 그리고 햄버거는 사이즈 더 큰 걸로 바꿀게요.

Waiter — Sure. Then you can order another side dish.
네. 그럼 사이드 디시를 하나 더 주문하실 수 있습니다.

Gina — Can I get two French fries?
프렌치 프라이로 두 개 할 수 있나요?

Waiter — Another French fries? OK.
프렌치 프라이 하나 더요? 네.

—

substitute 대체하다
order go in 주문이 들어가다
size-up 사이즈 업그레이드

포장 요청하기

Gina I'm sorry. I've just ordered. But my friend called to say she can't make it. Can I get it to go?
죄송합니다. 방금 주문했는데요. 친구한테 못 온다고 전화 왔네요. 포장 가능한가요?

Waiter Sure. But you would have to wait at the bar. Is that okay?
그럼요. 하지만 바에서 기다리셔야 할 것 같은데 괜찮으세요?

Gina Of course. I'll take my glass there. How long will it be?
네. 제 잔 들고 갈게요. 얼마나 걸릴까요?

Waiter About 15 minutes. How many forks and knives do you need?
15분 정도 걸립니다. 포크와 나이프는 몇 개씩 필요하세요?

Gina Two of each, please. And could I have some ketchup, too?
각각 두 개씩요. 케첩도 받을 수 있을까요?

Waiter Ketchup, OK.
케첩, 알겠습니다.

Gina Could I pay the bill while I wait?
기다리는 동안 계산해도 될까요?

---

make it 약속 장소에 나타나다
to go 포장하다. 남은 것을 포장할 때뿐 아니라 주문해서 바로 가지고 갈 때도 씀
숫자 of each 각각 ~개

추가 주문하기

Gina　　Sorry, could we order something else too?
　　　　죄송해요. 여기 추가 주문해도 될까요?

Waiter　Of course. But your previous order already went in, so this one may come out later.
　　　　그럼요. 하지만 주문하신 게 이미 들어갔기 때문에 이번 건 늦게 나올 수 있습니다.

Gina　　Around when?
　　　　언제쯤요?

Waiter　20~30 minutes? The kitchen is very busy right now.
　　　　20~30분 정도요? 주방이 지금 굉장히 바쁩니다.

Gina　　That's alright. We'd like another spaghetti and two more Cokes, please.
　　　　괜찮아요. 스파게티 하나 더 주시고 콜라 두 잔 주세요.

Waiter　Got it. Will you be having more guests? Do you need a place setting as well?
　　　　알겠습니다. 손님이 더 오나요? 테이블 세팅도 해 드릴까요?

Gina　　No, we're just hungry, that's all. Thank you!
　　　　아니에요. 그냥 배가 고파서요. 감사합니다!

---

previous 이전의
that's all 그것뿐이다

+ more expressions

Is it too late to change/cancel my order?
제 주문을 변경/취소하기에 너무 늦었나요?

Eat here, thank you.
여기에서 먹고 갑니다.

Take-out, please.
포장해 주세요.

Can I have a refill, please?
리필 받을 수 있을까요?

Are drinks refilled for free?
음료 무료로 리필 되나요?

How long will it take to receive our food if we order now?
지금 주문하면 음식 나올 때까지 얼마나 걸릴까요?

What time does the kitchen close?
주방은 몇 시까지 하나요?

When do you take last orders?
마지막 주문은 언제 받으시나요?

3 식사 관련 대화
TALKING ABOUT THE FOOD

식사 중 담당 웨이터가 다가와 음식 맛은 어떤지, 더 필요한 건 없는지 물어볼 때가 있어요. 적절한 칭찬과 필요한 부탁은 어떻게 하는지, 반갑지 않은 상황이 생겼을 때 식사를 망치지 않고 유연하게 대처할 수 있는 표현들은 뭐가 있는지 눈여겨 보기로 해요.

Travel words

taste~   ~한 맛이 나다
음식 맛이 좋을 때 사용하는 표현들:
It tastes amazing/fantastic/unbelievable/wonderful/excellent/delicious

맛을 표현하는 수식어! delicious 말고 무엇이 있을까?

tasty 맛있는	crunchy 바삭한	aftertaste 끝맛
fruity 과일향(맛)의	thick 걸쭉한	watery 묽은
bitter 쓴	sweet 달콤한	bland 밋밋한
greasy 기름진	nutty 고소한	sharp 톡 쏘는
tart 새콤한	juicy 즙이 많은	

주문이 잘못 나왔어요

Gina I'm sorry. But this is not what I ordered.
죄송하지만 이건 제가 주문한 게 아니에요.

Waiter Didn't you order the fillet mignon?
필레미뇽 주문하지 않으셨어요?

Gina No, I ordered the sautéed chicken. Don't you remember?
저는 치킨 소테를 주문했는데요. 기억 안 나세요?

I asked for French fries on the side, with Diet Coke.
감자 튀김을 사이드로 하고 다이어트 콜라를 시켰는데요.

Waiter Oh dear, I must have gotten confused.
오 저런, 혼동이 있었나 봐요.

I'm sorry. I will bring out your chicken right away.
죄송합니다. 바로 치킨 요리 가지고 오겠습니다.

---

get confused 혼동되다

Travel Tip

주문이 잘못 나온 경우, 그 상황을 기억할 수 있도록 함께 시킨 것을 상기시켜 주면 좋습니다. 웨이터가 기억을 못 하더라도 최소한 손님이 정확하게 기억하여 되묻는 상황임은 인지할 수 있으니까요. 기억이 안 나느냐 하고 따지는 어투는 되도록 하지 않는 것이 좋아요.

음식 평하기

Waiter — **How is everything? Does it taste good?**
어떠신가요? 맛이 있나요?

Gina — **They're all so good, but would you mind heating this up? It's not quite hot enough.**
전부 다 정말 맛있는데, 이건 데워 주시겠어요? 충분히 뜨겁지가 않아서요.

Waiter — **I will take this and heat it up then. Can I get you anything else?**
가져가서 데워 오겠습니다. 더 필요한 건 없으세요?

Gina — **Oh, and this tastes a bit weird… is it supposed to be this bland?**
아, 그리고 이거 맛이 조금 이상한데요… 원래 이렇게 밍밍한 맛인가요?

Waiter — **May I try it? (…) You're right. I will go ask the kitchen.**
제가 먹어 봐도 될까요? (…) 손님 말이 맞네요. 주방에 가서 물어보겠습니다.

---

heat ~ up ~을 데우다
taste a bit weird 맛이 조금 이상하다

현지 음식에 대해 조사해 가면 식사 성공률을 높일 수 있습니다. 스페인은 대개 음식이 짜므로 주문 시 "no salt please", "not much salt please"라고 부탁을 하고, 태국에서는 "no coriander please"(고수 넣지 마세요)라 말하면 되겠지요. 최근에는 스페인에서 단 한 번도 짜게 먹은 적이 없어요. 이제는 여행객들이 짜게 먹지 않는다는 걸 아나 봐요! 그래도 조심해서 나쁠 것은 없으니 꼭 '소금 없이'라고 일러 주도록 해요.

음식 추가하기, 리필하기

Gina
May I have some more olive oil and balsamic vinegar?
올리브 오일과 발사믹 식초 좀 더 주세요.

Waiter
Coming right up.
바로 가져다 드릴게요.

Gina
Oh, and is the bread basket refill free? If it is I'd like it refilled.
아, 그리고 식전 빵은 무료인가요? 만약 그렇다면 리필해 주세요.

Waiter
The bread basket isn't free, but refills are free.
I will bring you a new one. Anything else?
무료는 아니지만 첫 주문 다음부터는 무료로 리필이 됩니다.
새로 하나 가져다 드릴게요. 더 필요하신 건요?

Gina
More salad dressing please. Sorry, I keep thinking of things one at a time.
샐러드 드레싱 더 주세요. 죄송해요. 자꾸 하나씩 생각이 나네요.

Waiter
That's alright, I'll be right back.
괜찮습니다. 금방 다시 오겠습니다.

---

bread basket 식전 빵
one at a time 한 번에 하나씩

+ more expressions

I asked my steak to be medium but this is rare.
스테이크를 미디움으로 부탁했는데 이건 레어네요.

We've been waiting quite a while.
우리 기다린 지 한참 지났는데요.

Another round of beer, please.
모두 맥주 한 잔씩 더 주세요.

May I see the wine list? I think we will have another bottle.
와인 메뉴판 주세요. 한 병 더 시킬까 해요.

Can you clear these plates and give us the dessert menu?
이 접시들 치워 주시고, 디저트 메뉴판 부탁합니다.

It tastes a little salty/peppery/burnt.
음식이 짜네요/후추맛이 강하네요/탄 맛이 나네요.

It tastes a little uncooked/odd.
음식이 덜 익었네요/이상하네요.

4 계산하기
CAN I GET THE BILL, PLEASE?

식사를 잘 마치고 계산하는 단계에서 문제가 생기면 기분이 상할 수 있어요. 하지만 잘 만 대처하면 다음에 찾았을 때 더 좋은 서비스를 받을 수도 있어요. 꼭 그 때문이 아니어도 즐거운 식사 시간을 잘 마무리하는 건 중요하죠. 남은 음식 포장부터 계산 정정까지, 식당에서 자주 쓰는 표현들을 배워 봐요.

Travel words

leftover	남은 음식
bill	계산서(=check)
service charge	봉사료

남은 음식 포장하기

Gina — **Could I have the leftovers to go, please?**
남은 음식 싸 주실 수 있나요?

Waiter — **Sure. The pizza? You're almost done with your spaghetti.**
그럼요. 피자 말씀이시죠? 스파게티는 거의 다 드셨네요.

Gina — **Yes, just the pizza, thank you.**
네. 피자만요. 감사합니다.

Waiter — **No problem. It will take five minutes.**
천만에요. 5분 정도 걸릴 거예요.

Gina — **Great. It still tastes good cold, right?**
좋아요. 식어도 맛있지요?

Waiter — **Of course. And it tastes good after re-heating too.**
그럼요. 다시 데워 먹어도 맛있어요.

---

re-heating 다시 데우기

Travel Tip

음식에 자부심을 가진 지역이나 나라에서는 음식을 너무 많이 남기면 상처를 받기도 합니다. 맛이 없었는지, 뭐가 문제였는지 여러 차례 묻기도 해요. 저는 식사를 남길 때면 매우 미안한 표정을 지으며 계산서를 부탁합니다. 식당 주인이나 웨이터의 기분을 조금이나마 달래는 차원에서요.

계산서 요청하기

Gina
Can we get the bill, please?
계산서 부탁합니다.

Waiter
Here you are. It will be $150 after the service charge. Did you enjoy everything?
여기 있습니다. 봉사료 합해서 150달러입니다. 음식은 맛있으셨나요?

Gina
Thank you. It was very delicious. We especially loved the wine you recommended.
감사합니다. 정말 맛있었어요. 추천해 주신 와인이 특히 좋았답니다.

Waiter
Glad to hear that!
그렇다니 정말 기분 좋네요!

---

especially 특히

계산대에서 돈을 지불하는 우리나라와 다르게, 서양에서는 앉은 자리에서 담당 웨이터가 계산서를 가져다주면 계산을 합니다. 봉사료는 가격에 포함이 됐든 안 됐든 메뉴판에 명시가 되어 있어요. 아무 표시나 언급이 없다면 "Does the price include service charge?"(봉사료 포함 가격인가요?)라고 물어보세요.

주문 내역 확인하기

Gina
**Excuse me, could you take a look at our bill?
There seems to be a mistake.**
저, 우리 계산서 다시 봐 주시겠어요? 실수가 있는 것 같습니다.

Waiter
Is something wrong?
뭔가 잘못되었나요?

Gina
Yes. We ordered two orange juice but here it says we had three.
네. 오렌지 주스는 두 잔 주문했는데 여기엔 세 잔이라고 써 있어요.

Waiter
Let me check. Oh, you're right. I don't know what happened…
제가 한번 볼게요. 아, 손님이 맞습니다. 어떻게 된 건지 모르겠네요….

I'm sorry. I'll get you a new bill.
죄송합니다. 계산서 다시 가지고 올게요.

---

take a look 살펴보다

오류가 많지 않다면 잘못된 부분만 지적하고, 전체적으로 메뉴가 많이 어긋나 있다면 다른 테이블 것을 가지고 온 건지 묻는 편이 낫습니다. 드물지만 계산서가 맞게 나왔다고 우기는 경우도 있어요. 식전에 찍어 둔 테이블 사진이 있다면 반박할 수 없는 증거가 되겠지요?

+ more expressions

It was very good but too much for me. Could I take it to go?
정말 맛있었는데 저한테 너무 많았어요. 싸 가도 될까요?

Could you pack the sauce separately?
소스는 따로 담아 주실 수 있나요?

Could I get a new fork as well? Do you have plastic ones?
포크도 새로 받을 수 있을까요? 플라스틱으로 된 것 있나요?

We're ready for our check.
계산할 준비 되었습니다. (=계산서 가져다주세요)

You gave us the wrong bill. It's not ours.
계산서 잘못 가져다주셨어요. 우리 것이 아닌데요.

We took photos of all the dishes we were served. We can show you.
우리는 갖다 주신 접시 사진을 전부 찍었어요. 보여 드릴 수 있습니다.

I didn't even order any pasta.
전 파스타는 아예 시키지도 않았어요.

No need for the change, thank you.
잔돈 주실 필요 없어요. 감사합니다.

8 친구 사귀기

MAKING FRIENDS

1 말 걸기, 인사 나누기
SAYING HELLO

모르는 사람에게 다가갈 땐 언제나 처음이 어렵지요. 게다가 서양 문화권은 우리보다 개인 공간(personal space)이 넓으니 어느 정도로 다가서야 하는지 가늠하기가 쉽지 않아요. 보통은 각자의 나라와 도시에 대해 묻고 답하는 게 일반적이고요. 지금 이곳을 여행하게 된 계기나 다녀 본 곳, 앞으로 다녀 볼 곳 등에 대해 이야기하기도 합니다. 하고 싶은 말을 떠올렸다면 이제 새로운 친구 사귀기에 나서 볼까요?

Travel words

connection	인터넷 연결 속도
tag	(SNS에서) 태그를 걸다
post	게시하다
slow down	더 천천히 말하다
first impression	첫인상
make sense	말이 되다
pronunciation	발음

첫인사 나누기

Gina
Hi, I'm Gina. Nice to meet you.
안녕. 난 지나라고 해. 만나서 반가워.

Friend
Hi! I'm Amy. Where are you from?
안녕! 난 에이미야. 어느 나라에서 왔니?

Gina
Korea. South.
한국. 남한.

Friend
**I have some Korean friends back home!
I'm from California. Have you ever been?**
우리 고향에 한국인 친구 몇 명 있는데! 난 캘리포니아에서 왔어. 와 본 적 있니?

Gina
No, but I've always wanted to go! How is it? Is it always sunny and nice?
아니. 하지만 항상 가 보고 싶었어! 거긴 어때? 항상 맑고 좋아?

Friend
Most of the time. I'm sorry but I literally know nothing about Korea, apart from Gangnam Style.
대부분은 그렇지. 미안하지만 난 한국에 대해 정말 하나도 아는 게 없어.
강남 스타일 빼고.

---

back home 고향
literally 그야말로
apart from~ ~를 제외하고

Travel Tip

아직도! 한국이라 말하면 남한? 북한? 하고 묻는 사람이 굉장히 많습니다. "North Koreans aren't allowed to travel."(북한 사람들은 여행을 못 다녀)라고 설명해야 할 때도 있어요.

연락처 교환하기

Gina — **Is it alright to ask if you are on Facebook? Can I add you?**
페이스북 하는지 물어봐도 되나? 친구 추가해도 돼?

Friend — **Sure! But it'd be more difficult to find me than you, since I'm Mary Davis. Can I search your page?**
그럼! 하지만 내 이름이 메리 데이비스라 날 검색하는 게 널 찾는 것보다 더 어려울 거야. 내가 네 이름 찾아봐도 될까?

Gina — **Of course. It's G-I-N-A,… wait, I'll give you my business card, it'd be easier.**
그래. 내 이름 철자는 G-I-N-A…. 잠깐, 내가 명함을 줄게. 그게 더 쉽겠다.

Friend — **Excellent. There you are. I added you.**
좋아. 여기 있네. 추가했어.

Gina — **Hold on, I think the connection is a little slow here. (pause) Got your request! Accepted.**
잠깐만. 여기 인터넷 속도가 좀 느린 것 같아. (잠시 후) 친구 요청 받았어! 수락했어.

Is it alright to ask~? ~를 물어봐도 될까요?
business card 명함
request 요청

요즘은 전화보다 더 자주 연락을 주고받을 수 있는 SNS를 묻는 것이 추세예요. 영어 이름은 동명이인이 많아서 내 이름을 찾는 게 더 쉬울 거예요. 굉-장한 수줍음쟁이나 온라인 의존증 기피자를 제외하고는 외국인이라면 페이스북이 있습니다. 없다고 한다면 "너랑 연락하기 싫어"라는 뜻으로 이해해도 좋아요. 정말 없는데 연락처를 주고받고 싶다면 "페이스북은 없는데 메신저는/이메일 주소는/인스타그램은 있어"라고 얘기하는 게 보통이니까요.

사진 보내 줄게!

Gina I'll message you the photos we took this evening at the park.
오늘 저녁에 공원에서 찍은 사진들 문자로 보내 줄게.

Friend Thanks! I'll do the same. Can I post them on my wall?
고마워! 나도 그렇게 할게. 내 페이스북에 올려도 돼?

Gina Sure. But don't tag me. I look terrible in that photo! My friends won't recognize me. Haha.
그럼. 하지만 태그는 걸지 말아 줘. 그 사진에 나 엉망으로 나왔어!
내 친구들은 아마 나인 줄도 못 알아볼 거야. 하하.

Friend That's not true, you look lovely. But I won't tag you if you don't want.
아니야, 예쁜걸! 하지만 네가 원하지 않으니 태그 걸지 않을게.

Gina I can't find my camera cable… can I send my photos tomorrow? Too tired to go through my things now.
카메라 케이블이 보이지 않아…. 내 사진들은 내일 보내도 될까? 지금 짐을 뒤지기엔 너무 피곤해.

Friend You can send them whenever, don't worry.
Go to bed early, you look tired.
아무 때나 보내 줘도 돼. 걱정 마. 일찍 자. 피곤해 보여.

---

message 문자를 보내다   **do the same** 똑같이 하다
recognize 알아보다   **go through** 살펴보다

잘 못 알아듣겠어!

Gina
Sorry, I didn't catch that. Could you slow down a little please? My English is not that good.
미안, 뭐라고 했는지 모르겠어. 조금 천천히 말해 줄 수 있을까? 내 영어 실력이 그리 좋지는 않아서.

Friend
Oh, sure. I'm sorry. I didn't realize I was talking that fast.
그렇구나. 미안해. 내가 빨리 이야기하는 줄 몰랐어.

Let me try again. I was asking you if you had seen anything exotic or out-of-place during your stay here. And your English is just fine!
다시 해볼게. 아까 네가 여기 머물면서 이국적인 것, 낯선 것을 본 게 있는지 물었어. 그리고 네 영어 실력은 충분히 좋은걸!

Gina
I'm sorry, you lost me. That went right over my head. What do you mean by 'exotic'? I don't know that word.
미안해. 이해가 안 된다. 한 귀로 들어와서 다른 귀로 속 빠져 나갔어. 'exotic'이라니 무슨 말이지? 내가 모르는 단어야.

Friend
Oh! Okay. Here, let me show you on Google Translate.
아, 그래. 자, 내가 구글 번역기로 보여 줄게.

Gina
Ah! I get it now. Well everything I have seen since I got here has been super exotic; I don't know where to start!
아, 이제 알겠다. 음, 여기 와서 내가 본 모든 것이 굉장히 이국적이라서 어디서부터 이야기해야 할지 모르겠어!

—

catch 이해하다, 알아듣다   **out-of-place** 어울리지 않는   **you lost me** 이해되지 않다
What do you mean by~ ~라니 무슨 뜻인가요?

more expressions

First impression is everything.
첫인상이 제일 중요해.

Does it really rain all the time in London?
정말 런던에는 항상 비가 오니?
(그동안 들었던 말이 정말인지 확인할 때 really를 씀)

Could I have your phone number?
전화번호 알려 줄래?

I missed that.
놓쳤어요. (못 알아들었어요)

Does that make sense?
이게 말이 되나?
(본인이 한 말이 맞는 표현이었는지 되물을 때 쓰는 표현)

Let me try that again…
다시 말해 볼게…

What I mean is…
내가 하고 싶은 말이 뭐였냐면…
(위의 두 가지 표현은 본인의 말을 이해하지 못한 상대방에게 다시 설명할 때 쓰는 표현)

Sorry, my pronunciation may not be correct.
미안, 내 발음이 정확하지 않을 수도 있어.

2 같이 점심 먹을래?
DO YOU WANT TO HAVE LUNCH TOGETHER?

마주칠 때마다 눈인사를 하며 "오늘 어땠어?" 하고 묻는 사이는 되었지만 정말 친구가 되려면 밥 한 끼는 같이 먹어야겠지요? 여행지의 맛있는 음식을 나누어 먹으면서 열린 마음으로 새 친구를 사귀어 보아요.

Travel words.

go out for lunch	점심 먹으러 나가다 go out for breakfast/dinner/a snack 아침/저녁/스낵 먹으러 나가다
late breakfast	늦은 아침식사
grab	먹다
born and raised	나고 자라다
move my schedule	스케줄을 조정하다
plan for~	~의 일정 plan for the rest of the day 남은 하루의 일정 plan for tomorrow 내일 일정
on this trip	이번 여행에
keep in touch	연락하고 지내다

식사 청하기

Gina — **Have you eaten? I'm about to go out for lunch.**
밥 먹었어? 난 이제 점심 먹으러 나가려던 참이야.

Friend — **No, I haven't yet. I'm not that hungry because I had a late breakfast but I can come along if you want. I'll grab something light and have a cup of coffee.**
아니, 아직 안 먹었어. 아침을 늦게 먹어서 그렇게 배가 고프지는 않은데 네가 원하면 같이 갈게. 간단한 거 먹고 커피 한잔 마셔야지.

Gina — **Great. Where do you want to go? I was thinking of going to the main square and seeing if there is a nice café with a terrace.**
좋아. 어디 가고 싶어? 난 중앙광장으로 나가서 테라스 있는 카페가 있나 보려고.

Friend — **Let's do that then. The weather is perfect. I need some sunshine.**
그렇게 하자 그럼. 날씨가 완벽하네. 햇볕을 좀 쫴야 해.

Gina — **Are you good to go? Or Should I wait for you at the lobby?**
지금 바로 가도 돼? 아니면 로비에서 기다릴까?

Friend — **Meet you at the lobby in five!**
5분 후 로비에서 만나!

I'm about to~ ~하려던 참이다   **come along** 같이 가다
I was thinking of~ ~하려던 생각이었다   **good to go** 갈 준비가 되다
in five 5분 후

서로 알아가기

Friend　　So what's it like in Korea? The weather, the food…
한국은 어때? 날씨, 음식….

Gina　　The weather is pretty much the same I guess. We also have the four seasons although our summer is much more humid than here. And my favorite thing about Korea is the food. I miss it already.
날씨는 여기랑 거의 비슷한 것 같아. 우리도 사계절이 있는데 여름은 여기보다 훨씬 더 습해. 내가 우리나라에 대해서 가장 좋아하는 점이 음식이야. 벌써 그립다니까.

Friend　　Oh yeah? I heard many things about Korean food, actually. That it's very healthy.
그래? 사실 한국 음식에 대해서는 이야기 많이 들었어. 굉장히 몸에 좋다고.

Gina　　That's true. What about Netherlands? I've always wanted to visit Amsterdam. Are you from there?
맞아. 네덜란드는 어때? 늘 암스테르담에 가 보고 싶었는데. 넌 암스테르담 살아?

Friend　　Yes, I was born and raised there. It's a beautiful city, especially in the spring.
응. 거기에서 나고 자랐어. 아름다운 도시야. 특히 봄에는.

Gina　　By the way, what do you do? Are you a student?
그런데. 너 무슨 일 해? 학생이야?

Friend　　Yes. I'm taking a semester off to travel around Europe. And what do you do?
응. 한 학기 휴학하고 유럽 여행 하는 거야. 너는?

---

pretty much 거의　　**humid** 습한　　**take a semester off** 한 학기 휴학하다

오늘 일정은 어때?

Gina Do you have anything planned for the day?
오늘 계획한 일정 있어?

Friend Nothing much, I thought I'd go see the Louvre. Have you already been there?
별거 없어. 루브르를 가 볼까 했지. 가 봤어?

Gina Yeah, on my first day. It's fantastic, you will enjoy it a lot.
응. 첫날 가 봤어. 굉장해. 너도 많이 좋아할 거야.

Friend Do you want to meet up for lunch then? I'm going to go there early so I won't have to line up for long.
그럼 만나서 점심 먹을래? 난 줄 길게 안 서려고 일찍 가 보려고 해.

Gina Sounds great. Meet you in front of the glass pyramid at one o'clock?
좋다. 1시에 유리 피라미드 앞에서 볼까?

Friend What do you want to do after lunch? I hear picnicing around Champs de Mars is lovely in this sunny weather.
점심 먹고는 뭐할까? 맑은 날 샹드마르스에서 피크닉하는 게 정말 좋다던데.

Gina Yeah, that's what I heard too. We should do that! Let's go to Nicolas and get a bottle of red wine before!
맞아, 나도 들었어. 그렇게 하자! 그 전에 니콜라스에 가서 레드 와인도 한 병 사자!

Nothing much 별것 없다   **I thought I'd~** ~할까 생각하다   **meet up** 만나다

Travel Tip

에펠탑을 가장 잘 감상할 수 있는, 파리 7구에 위치한 넓고 긴 공원 샹드마르스. 반나절 정도는 여기에서 지친 다리를 쉬게 하고, 사진도 찍고, 느긋하게 보내 보세요!

연락해! 다음에 또 만나자

Friend
It was so nice meeting you here. I wasn't kidding about visiting Amsterdam; you should really come see me. You can stay in my place when you come, okay?
여기서 널 만나 정말 좋았어. 암스테르담 오라는 것 농담 아니었어. 꼭 와서 나 만나. 오면 우리 집에서 묵고. 알겠지?

Gina
We will see! I'd really love to go see Amsterdam, AND you, so I'll see how I can move my schedule around when I get home.
어떻게 될지 보자! 나도 정말 암스테르담 구경하고 싶어. 너도 보고. 귀국하면 스케줄을 어떻게 조정할 수 있을지 알아볼게.

And… this is for you.
그리고… 이건 너 주려고 샀어.

Friend
What is it? You shouldn't have! I didn't get you anything.
이게 뭐야! 이런 것 안 줘도 되는데! 난 아무것도 준비 못 했어.

Gina
That's alright. It's just a little something to remind you of me.
괜찮아. 그냥 내 생각 나라고 산 작은 선물이야.

Friend
Oh, you shouldn't have.
아, 정말 안 그래도 되는데.

Gina
Nah, it didn't cost much. I just wanted to write you a postcard and it caught my eye.
아냐. 그렇게 비싸지 않았어. 엽서만 쓰려 했는데 이게 눈길을 끌지 뭐야.

---

my place 우리 집   **when I get home** 귀국하면
remind A of B A에게 B를 상기시키다   **catch ~ eye** ~의 눈길을 끌다

more expressions

How is the weather in New Zealand?
뉴질랜드는 날씨가 어때?

I think it's a little colder/warmer than here.
날씨는 여기보다 좀 더 추운/더운 것 같아.

I'm trying to decide between getting a job and going on Working Holiday before I get older.
취업을 할까, 더 나이 먹기 전에 워킹 홀리데이를 갈까 고민 중이야.

How long does it take to fly from San Francisco to Venice?
샌프란시스코에서 베니스까지는 비행기로 몇 시간 걸려?

What's the plan for tomorrow?
내일 계획(일정)은 어떻게 되니?

I'm so happy I met you on this trip!
이번 여행에 널 만나서 정말 기뻐!

Keep in touch.
연락하고 지내자.

Let me know whenever you want to visit Korea.
한국 오고 싶으면 언제든지 내게 알려 줘.

I'll let you know if I ever get to go!
가게 되면 꼭 말할게!

3 이성과의 대화
TALKING TO BOYS

이성과의 대화는 동성과 대화하는 것보다 조금 더 신경이 쓰이지요. 편한 친구 사이라면 앞서 살펴본 대화를 그대로 해도 좋아요. 하지만 낭만적인 여행지에서 친구보다 더 가까운 사이가 될 수 있는 상대와의 대화라면 대화에 조금 더 주의를 기울여야 겠지요. 부드럽지만 단호하게, 친절하지만 과하지 않게 의사 표현하는 방법을 살펴보아요.

Travel words

take ~ out ~에게 식사를 대접하다

flirt 추파를 던지다
"Are you flirting with me?"(지금 나한테 작업 거는 거야?)는 난 너에게 관심이 없다는 뜻으로도 쓰이고, 나도 좋으니 더 해 보라는 뉘앙스를 풍길 수도 있음

travel alone 혼자 여행하다

take it easy 진정해/앞서가지 마(=Take it slow)
Take it slow가 take it easy보다 상냥한 어투. 느리지만 진전을 바란다는 뉘앙스도 있으니 확실하게 끊고 싶다면 easy, 너무 빠르니 천천히 알아 가자는 뉘앙스를 주고 싶다면 slow

blurred lines 모호한 선, 흐릿한 선(경계가 불분명한 사이)

데이트 신청을 받았다면

Boy
What are you doing after the tour?
투어 끝나고 뭐해?

Me
I'm not sure yet. Probably go out for dinner. You?
아직 확실하지 않아. 아마 저녁 먹으러 나가겠지. 넌?

Boy
Can I take you out to dinner?
내가 저녁 대접해도 될까?

Me
Like a date?
데이트 하자는 거야?

Boy
Are you surprised? I thought we were flirting until now.
Or we can have a meal as friends, if you prefer.
That's cool too.
놀란 거야? 난 여태까지 우리가 서로 호감을 표시하는 중인 줄 알았는데.
네가 원하면 그냥 편하게 밥 먹어도 되고. 그것도 좋아.

Me
Sure, let's have dinner together.
We'll see if it turns out to be a date.
그래, 같이 저녁 먹자. 데이트가 될지 아닐지는 나중에 결정할래.

---

probably 아마

Travel Tip

"Can I take you out?" 이 질문으로 단순히 친구처럼 만나 시간을 보내자는 것인지, 아니면 데이트를 하자는 것인지를 분명히 알 수 있습니다. "Let's have lunch together"가 데이트를 정하는 우회적 표현이라면 위의 표현은 '데이트를 하자'는 분명한 뜻을 담고 있지요.

여자 친구는 있어?

Me
: **So, are you traveling alone too? No girlfriend waiting for you back home?**
너도 혼자 여행하는 거야? 너네 나라에서 기다리고 있는 여자 친구는 없고?

Boy
: **No, I wouldn't have asked you out if I had a girlfriend!**
없어. 여자 친구가 있었으면 너한테 데이트 신청을 안 했겠지!

Me
: **Sorry, I just wanted to be sure.**
미안, 그냥 확실히 하고 싶어서.

Boy
: **Don't worry about it. And you? You're not married or anything, right?**
신경 쓰지 마. 넌? 결혼했거나 뭐 그런 건 아니지?

Me
: **See? No ring. Not married.**
보여? 반지 없잖아. 결혼 안 했어.

Boy
: **So it's all good then!**
(문제 될 것 없이) 다 좋구나 그럼!

~ or anything 뭐 그런 것

외국인들은 "이제 사귀자" 하고 말하는 경우가 많지 않아 관계를 확실히 하지 않는다는 말이 있는데요, 그렇지 않아요. 한국에서와 마찬가지로 바람둥이가 아니라면 상대방을 절대 헷갈리게 하지 않습니다. 여자 친구가 있는지 없는지를 의심하게 행동한다면 먼저 가볍게 물어보세요. Better to be safe than sorry!(후회하는 것보다는 안전한 것이 낫다)

관계 깔끔히 하기

Me
If you're looking for someone to see sights with that's okay but I'm not looking for anything more.
같이 관광하러 다니는 사람 찾는 거면 좋은데, 난 그거 이상은 생각하지 않아.

Boy
The city is beautiful and so are you! Why do you have to get serious? Just enjoy the moment.
이 도시도 아름답고 너도 아름다운데! 왜 심각해지려는 거야? 그냥 순간을 즐겨 봐.

Me
We can do that without holding hands.
그래, 그런데 손 안 잡고도 즐길 수 있다는 거지.

Boy
I'm just trying to be a nice friend.
난 그냥 좋은 친구가 되려는 거야.

Me
I don't take walks at night holding hands with my guy friends.
난 내 남자인 친구들이랑은 밤에 손 잡고 산책 안 해.

Boy
Oh, come on~.
에이, 그러지 마~.

Me
Hey, take it easy. No hands, OK?
야, 이건 좀 아니야. 손은 안 돼. 알았어?

---

see sights 관광하다
take a walk 산책하다

+ more expressions

I might be free for lunch tomorrow.
어쩌면 내일 점심에 시간이 될 것 같아요.

Do you want to take me out later?
이따 나랑 데이트 할래?

We can grab a beer or something.
맥주 마시든지 하자.

Well, if it's a group thing then yes.
뭐, 다같이 가는 그런 거면 좋아.

Do you mind if I bring a friend?
친구 데리고 나가도 돼?

Just the two of us?
단 둘이서만?

Be clear! It's confusing.
확실히 말해! 헷갈리니까.

I don't like blurred lines.
난 불분명한 건 싫어.

4 추근대는 남자 단칼에 끊기
I'M NOT INTERESTED

우리나라 여자 여행객들은 대부분 언제나 웃는 낯이기 때문에 원치 않는 접근을 해오는 사람들이 있을 수 있습니다. 가장 좋은 예방법은 과도하게 웃지 않는 것, 너무 높은 톤으로 이야기하지 않는 것입니다. 외국인에게 좋은 인상을 남겨야겠다는 생각에서 또는 의사소통이 수월하지 않아서 만국 공통어인 스마일을 과다하게 사용하는 분들이 많이 있어요. 서양인들이 생각하기에 과다한 웃음은 곧 관심이니 주의하기로 해요!

Travel words

on my own	혼자, 스스로
I said~	내가 말하는데~ 하고 싶은 말 앞에 I said를 붙이면 "이미 ~라고 얘기 했잖아"라는 단호한 느낌을 줌
annoy	짜증나게 하다
harass	괴롭히다, 치근덕거리다

남자 친구 있어요

Boy — **Hey beautiful, how is it going?**
예쁜 아가씨, 안녕하세요?

Gina — **Hello.**
안녕하세요.

Boy — **Why are you alone? Are you traveling by yourself?**
왜 혼자예요? 혼자 여행하고 있어요?

Gina — **I'm waiting for my boyfriend.**
남자 친구 기다리고 있어요.

Boy — **Do you want me to wait with you?**
같이 기다려 줄까요?

Gina — **No thank you. I'd like to be left alone.**
괜찮아요. 혼자 두었으면 좋겠습니다.

---

traveling by oneself 혼자 여행하다   **be left alone** (방해 받지 않고) 혼자 남다

Travel Tip

추근대는 사람을 쫓아 버리는 상황에서는 어떤 말을 하건 한 단어 한 단어 힘주어 또박또박 말하는 것이 효과가 좋습니다. 과다한 미소를 보이며 밝은 목소리로 "I'm waiting for a friend"라고 하면 듣는 사람은 "친구 기다리고 있어(그런데 친구 아직 안 왔으니까 너랑 얘기하는 거 좋아)"로 받아들일 수 있어요.

같이 구경 다닐까?

Boy
Where are you going? Are you lost?
어디 가요? 길 잃었어요?

Gina
No, I'm not lost, thank you.
아니요. 길 안 잃었어요. 감사합니다.

Boy
Do you want me to show you around the city? I can be your guide for the day.
내가 시내 안내해 줄까요? 일일 가이드 해줄 수 있어요.

Gina
I'd like to go around on my own, thank you.
혼자 다니는 게 더 좋겠어요. 고마워요.

Boy
Oh, come on. I'll take you to my favorite café, it's just around the corner. We can hang out with my friends later in the evening too!
그러지 말아요. 코너만 돌면 나오는, 내가 제일 좋아하는 카페로 안내할게요.
이따 밤엔 내 친구들이랑도 같이 놀아요!

Gina
I said no.
싫다고 했어요.

—

for the day 당일
hang out 시간을 보내다, 어울리다

정말 길을 잃었을 때는 타인의, 특히 현지인의 도움이 절실할 수 있습니다. 경험상 이때 여자 여행자들에게 가장 필요한 것은 '촉'인데요, 지도 들고 헤매는 모습에 도움을 주려는 건지 추근대는 건지는 본인이 가장 잘 알 것입니다. 뭔지 모르게 불편하다면 피하는 게 좋아요.

저리 좀 가라고!

Gina: **Do you not get the point? Leave me alone!**
말귀를 못 알아들어? 나 가만히 내버려 두라고!

Boy: **What's the problem? I just want to spend some time with you. I'm a good person.**
문제가 뭐야? 난 그냥 너랑 시간을 좀 보내고 싶어서 그래. 나 좋은 사람이야.

Gina: **And I'm telling you that I want to be alone. I don't care whether you are a good person or not. Leave me alone please.**
그냥 혼자 있고 싶다고 말하고 있잖아. 네가 좋은 사람인지 아닌지는 관심 없어. 나 좀 혼자 내버려 둬.

Boy: **I can really show you a good time in London…**
내가 런던에서 정말 즐거운 시간 보낼 수 있도록….

Gina: **…Get lost! I'm this close to calling the police.**
… 썩 꺼져. 경찰 부르기 직전이니까.

---

get the point 말귀를 알아듣다
show A a good time A가 좋은 시간을 보내게 하다
I'm this close to~ ~하기 직전이다

상대가 말을 못 알아듣고 계속 추근대는데 피할 곳이 없다면 목소리를 크게 하는 것도 방법이 될 수 있습니다. 다만, 밤에 혼자 걷는데 큰 소리를 내거나 화를 돋우는 것은 위험하니 시간이 늦었다면 번화가에서 주변 사람들이 있을 때만 이 방법을 쓰세요.

+ more expressions

I don't speak English.
나 영어 못해요.
(내가 영어로 말하는 모습을 상대가 보지 못했다면 상대를 쫓는 가장 간단한 방법일 수 있음!)

I'm on my way to see a friend.
지금 친구 보러 가고 있는 중이에요.

I'm so not interested.
나 정말 관심 없어요.

I'm not going to respond anymore.
이제 더 이상 대답하지 않을 거야.

You're annoying me. Please go away.
지금 당신이 나 짜증나게 하고 있어요. 빨리 가세요.

You're wasting my time. Get going.
내 시간 낭비하지 말고 가던 길 가세요.

What is wrong with you? Stop harassing me.
뭐 이런 사람이 다 있어? 나 그만 괴롭혀요.

9 응급상황

EMERGENCIES

1 아플 때
I'M SICK

타지에서 아는 사람 하나 없이 아프다는 게 얼마나 서러운지, 겪어 보지 않고선 결코 알 수 없지요. 보고 싶었던 곳, 먹고 싶었던 것, 계획된 일정에 차질이 생기는 것은 둘째 치고 아픈 몸을 이끌고 직접 약국에 가야 한다는 사실이 그렇게 서러울 수 없어요. 의약품을 구입할 때 사용할 수 있는 표현들을 제대로 알고 있다면 그나마 슬픔이 덜할 거예요.

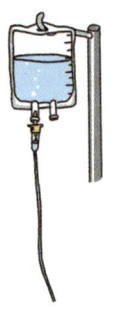

Travel words

pharmacist	약사	**sore throat**	인후통
symptoms	증상	**cough**	기침
nauseous	메스꺼운	**dizzy**	어지러운
headache	두통	**ointment**	연고
sting	따가운	**prescription**	처방전
sleepy	졸린	**indigestion**	소화불량
home remedy	민간요법		

알고 있는 약 문의하기

Gina
Hello, I'm looking for NyQuil? Medicine for cold?
안녕하세요, 저는 나이퀄? 이걸 찾고 있는데요. 감기약이오.

Pharmacist
Sure, we have NyQuil. You don't need a day medicine?
네, 나이퀄 있어요. 낮에 먹는 약은 필요 없으세요?

Gina
I already have that. Just the NyQuil please. Do I take it after meals? Would it help with my sore throat?
그건 있어요. 그냥 나이퀄만 주세요. 식후에 복용하는 건가요? 목이 아픈데 이게 도움이 될까요?

Pharmacist
Yes, it helps with all general cold symptoms, and it doesn't matter when you take it as long as you have at least six hours between doses.
네, 일반적인 감기 증상에 모두 효과가 있으며 언제 복용하는지는 상관 없어요. 복용 간격을 최소 6시간으로만 해주면요.

Gina
Okay. Oh, is this liquid? Do you have any tablets?
네. 아, 이거 액상인가요? 알약으로 된 것은 없나요?

Pharmacist
You want NyQuil tablets? Here you are. Same price.
나이퀄 알약을 원하세요? 여기요. 가격은 같습니다.

---

medicine for~ ~를 위한 약 **after meals** 식후
dose 복용량, 복용하다 **liquid** 액상, 액체 **tablet(capsule)** 알약

나이퀄은 대표적인 종합 감기약 중 밤에 복용하는 약이에요. 여러 감기 증상에 효과가 있고 작은 약국에서도 구비하고 있어 알아 두면 편리합니다. 대표적인 감기약이기 때문에 혹 약국에 없더라도 감기약을 원한다는 의사를 전달할 수 있습니다. 물론 한국에서 상비약을 챙겨 가는 게 가장 좋지요. 특이체질이거나 특정 약 성분에 알레르기가 있는 분은 한국과 외국의 FDA 승인 기준이 상이하니 반드시 한국에서 약을 챙겨 가도록 합니다.

증상 말하고 약 구입하기

Gina — I'm feeling very nauseous and dizzy. I don't know why.
속이 굉장히 메스껍고 어지러워요. 이유는 모르겠습니다.

Pharmacist — What did you have for lunch? How long have you been feeling that way?
점심에는 뭐 드셨어요? 언제부터 증상이 있었나요?

Gina — A hamburger. I've been like this for an hour now and it's getting worse.
햄버거요. 이런 지 한 시간 됐는데 점점 심해지고 있어요.

Pharmacist — I'll give you a digestive. Come again or see a doctor if it gets much worse, but I think you will be alright within a couple of hours.
소화제 드릴게요. 훨씬 심해지면 다시 오시거나 병원으로 가세요. 하지만 두어 시간 지나면 괜찮아지실 거예요.

Gina — OK. Do I take it right now?
Can you give me two just in case?
네. 지금 바로 먹나요? 혹시 모르니 두 개 주시겠어요?

---

get worse 악화되다   **digestive** 소화제

Travel Tip

갑작스러운 기후 변화와 시차에 적응하느라 예정일이 아닌데도 생리를 시작하게 되는 분들이 적지 않은데요, 생리통 약은 처방전이 있어야 구입할 수 있는 국가도 있어요. 주기가 불규칙하거나 불안하신 분들은 약을 꼭 챙겨 가세요!

민간요법 물어보기

Gina
I don't feel well. Should I drink tea or something?
What do you do when you don't feel so well here?
몸이 별로 안 좋아. 차라도 마셔야 하나? 여기선 컨디션이 안 좋을 때 뭘 하니?

Friend
Do you think you're about to catch a cold or something?
감기 걸릴 것 같은 그런 느낌이야?

Gina
Kind of. I'm just not really energetic as usual.
약간. 평소와 다르게 그냥 기력이 없어.

Friend
Have you heard of vin chaud?
뱅쇼라고 들어봤어?

Gina
Huh? What's that? 응? 그게 뭐야?

Friend
It's widely popular around wintertime; hot wine with cinnamon and fruit boiled together.
겨울에 굉장히 인기 있는 건데, 와인에 계피와 과일을 넣고 함께 끓인 거야.

It's just a popular drink for chilly weather but we also drink it when we catch cold.
그냥 추운 날 많이들 마시는 음료인데 감기 걸렸을 때 마시기도 해.

Gina
I better go out and buy cinnamon then. I can make it in the hostel kitchen, right?
그럼 나가서 계피 사 와야겠다. 호스텔 주방에서 만들어도 되는 거지?

Friend
Yes. Let's go together. I'll help you out in the kitchen.
응. 같이 가자. 내가 만드는 것 도와줄게.

---

feel well 몸 상태가 괜찮다　**as usual** 평소와 같이　**wintertime** 겨울　**chilly** 쌀쌀한

I have a runny nose.
콧물이 나요.

Do you know what I should take for headache? It's really bad.
두통에는 무슨 약을 먹어야 할까요? 너무 심해요.

Do you have an ointment for a cut?
상처에 바를 연고 있나요?

It's not that bad but it stings a little.
심하지는 않은데 좀 따갑습니다.

Do I need a prescription for that?
그 약 구매하는 데 처방전이 필요한가요?

Do you have cold medicine?
감기약 있나요?

Will it make me sleepy?
이 약 복용하면 졸릴까요?

How often do I take it?
얼마나 자주 복용해야 하나요?

Do you think drinking soda would help my indigestion?
탄산음료를 마시면 소화불량이 좀 덜 할까?

Could I take it on an empty stomach?
빈속에 먹어도 되나요?

What's the American home remedy for a cough?
기침 날 때 사용하는 미국의 민간요법은 뭐야?

2 소매치기 당했을 때
I GOT ROBBED

응급상황 중 가장 속상한 때가 소매치기를 당했을 때일 거예요. 보험을 들었다면 한결 낫지만 보험 처리를 위해 각종 서류가 필요하니 할 일은 더 많습니다. 침착하게 배운 대로 말하여 피해를 최소화하도록 해요.

Travel words

report	신고하다, 보고하다
robbery	도난(사건)
pickpocket	소매치기하다
incident	사건
gone	없어지다, 사라지다
catch	잡다

CCTV 확인하기

Gina
My bag is gone. Is it possible to check the security camera?
가방이 없어졌어요. CCTV를 확인할 수 있을까요?

Waiter
Oh no, I'll go get the manager.
오 저런, 매니저를 불러올게요.

Manager
Did you call the police? I'll go and take a look at the tape.
경찰에 신고는 했나요? 지금 테이프를 살펴보겠습니다.

Gina
No, I didn't yet. I don't even know the number… Can you call the police for me?
아니요, 아직 못 했어요. 전화번호도 몰라요…. 대신 신고해 주실 수 있을까요?

Manager
We'll take a look and if someone's on the tape I'll call right away. Can you tell me how it happened while I rewind?
같이 봐요. 누군가 테이프에 찍혔으면 바로 전화할게요. 테이프를 감는 동안 어떻게 된 일인지 말해 주시겠습니까?

---

security camera 보안카메라, CCTV
for me 나 대신

Travel Tip

신용카드 등 분실신고를 해야 하는 게 있다면 해당 신고 번호가 유료인지 확인하세요. 계좌에 남은 잔액보다 국제 통화료가 더 많이 나올 수 있으니까요. 보험 보상을 위해 필요한 도난 보고서를 작성할 때는 구체적인 가격을 적어야 하니 물품의 브랜드와 제품번호 또는 모델명, 기종 등 상세한 내역을 알아 두도록 합니다. 경찰에서 작성한 서류와 귀국 후 보험회사에 서술하는 내용이 일치해야 하니 최대한 자세하고 정확하게 서류를 작성해 오도록 합니다.

경찰에 신고하기

Gina **I'd like to report a robbery. I've just been pickpocketed.**
도둑 맞아서 신고하려 합니다. 방금 소매치기를 당했어요.

Police **Could you tell me the location and time of the incident?**
사건이 발생한 위치와 시간대를 말씀해 주시겠습니까?

Gina **It was at the City Hall square. I was sitting on a bench with my bag right next to me and someone came out of nowhere and took it.**
시청 광장에서였어요. 벤치에 앉아서 바로 옆에 가방을 두었는데 갑자기 누군가가 어디서에서인지 튀어나와서 가져갔어요.

Police **What was in your bag?**
가방 안에는 무엇이 있었나요?

Gina **My wallet, sunglasses, and camera.**
지갑, 선글라스, 그리고 카메라요.

Police **Okay. That's enough for a report.**
알겠습니다. 이 정도로 보고서는 충분합니다.

You can come and collect the paper at the police station, but you may have to wait a while. We have many similar cases every day.
서에 오셔서 서류를 받아 가시면 됩니다만 조금 기다려야 할 수도 있습니다. 매일 이런 사건이 많아서요.

---

out of nowhere 어디에선가   **collect** 수거하다

주변 사람에게 도움 청하기

Gina
I'm sorry, but can you help me?
죄송한데 저 좀 도와주시겠어요?

**I've just been to the toilet and my bag is missing.
Did you see anyone around my table while I was gone?**
잠깐 화장실 다녀왔는데 가방이 없어졌어요. 제가 없는 동안 제 테이블 주변에서 누구 보셨나요?

Stranger
**Oh no… I haven't been paying attention. I'm sorry…
I think you should tell the café manager.**
오 저런… 주의를 기울이고 있지 않아서. 미안해요. 카페 매니저에게 이야기해야 할 것 같아요.

Gina
Should I call the police first? I'm sorry, I'm panicking.
먼저 경찰에 전화를 할까요? 죄송해요. 지금 너무 당황해서요.

Stranger
Calm down. Here. Have some water.
진정해요. 여기 물 좀 마시고.

I'll go get the manager, and you go out and search the trash cans around the café and see if you can at least find your wallet or an empty bag.
내가 매니저를 불러올 테니 나가서 카페 주변 휴지통을 뒤져 봐요.
최소한 지갑이나 빈 가방이라도 찾을 수 있는지.

Gina
OK. Thank you. I'll do that. I'll be back in five minutes.
네. 감사해요. 그렇게 할게요. 5분 안에 보고 돌아올게요.

---

pay attention 관심을 갖다   **panicking** 크게 당황하다
calm down 진정하다   **trash can** 휴지통

more expressions

Do you have a security camera that covers this area?
이 지역을 찍는 보안카메라가 있나요?

Is there any possibility of catching the guy?
범인을 잡을 가능성이 조금이라도 있나요?

Will I be able to get my things back?
제 소지품을 다시 찾을 수 있을까요?

Could you call the police for me?
저 대신 경찰에 전화 좀 해 주세요.

I don't think I will be able to make the report and understand what the policeman tells me.
제대로 보고하고 경찰 말을 잘 이해할 수 있을 것 같지가 않아요.

Do you know where I can make an international phone call?
국제전화 걸려면 어디로 가야 하나요?

Could you do me a huge favor and help me make the report when the police comes?
정말 큰 부탁인데 경찰이 오면 같이 사건 경위를 이야기해 주시겠어요?

I haven't reported it yet.
아직 신고 못 했어요.

3 여권 분실
I LOST MY PASSPORT

어쩌면 귀국에 차질이 생길 수도 있는 큰일이죠! 제가 경험해 보니 여행 중 가장 도움이 되는 마음가짐은 '이미 일어난 일은 어쩔 수 없다'더라고요. 늦잠을 자서 스케줄이 지연되고, 아끼던 소지품을 분실해서 속이 타더라도 더 중요한 건 수습이에요. 저는 이런 일을 만날 때마다 나쁜 경험을 통해 크게 하나 배워 온다 생각해요. 남은 일정을 망치면 안 되니까요!

travel words보다 더 필요한 travel info

- **영사콜센터-24시간 연중무휴**

  국   내 02)3210-0404(유료)
  해   외 국가별 접속번호 +822-3210-0404(유료), 국가별 접속번호 +800-2100-0404(무료)
  상담내용 우리 국민 해외 사건·사고 접수, 신속해외송금지원제도 안내,
  가까운 재외공관 연락처 안내 등 전반적인 영사민원 상담

- **신속해외송금지원제도**

  지원대상 해외 여행하는 우리 국민
  지원사유 해외에서 소지품 도난·분실 등 긴급 경비가 필요한 경우
  지원한도 미화 3천 불
  지원문의 재외공관(대사관 혹은 총영사관), 영사콜센터

- **외교부의 해외안전여행 애플리케이션**

  여행경보제도, 해외여행자 등록제, 위기상황별 대처 매뉴얼, 사고현장 촬영 및 녹취 기능 등

- **외교부의 해외여행등록제**

  해외여행등록제 '동행'을 이용하여 여행을 떠나기 전 신상 정보, 여행 일정, 현지 연락처, 국내 비상연락처 등을 등록하면 비상상황에 효율적으로 도움을 받을 수 있음. 여행지의 안전 상태 관련 정보도 이메일로 받을 수 있음

대사관 번호 알고 있나요?

Gina
Excuse me, do you know where I can look up the phone number of the Korean embassy?
저, 한국 대사관 전화번호를 어디에서 찾아봐야 할까요?

Hotel Receptionist
Um, I can look it up on the Internet for you.
Why do you need it? Did you lose your passport?
음, 제가 인터넷으로 찾아봐 드릴 수 있습니다.
왜 필요하신가요? 여권을 분실하셨나요?

Gina
Yes… I just got robbed. 네… 방금 도둑 맞았어요.

Hotel Receptionist
Oh no! Did you call the police? What happened?
오 저런! 경찰에는 신고했나요? 어떻게 된 건가요?

Gina
I don't know… I'm still in shock…
I have to talk to the embassy for a new passport before they close at 5. Can I use the phone here?
잘 모르겠어요. 아직 쇼크 상태라…. 오늘 5시에 문 닫기 전에 대사관에 전화해서 새 여권 이야기를 해야 해요. 여기 전화를 사용해도 되나요?

Hotel Receptionist
Of course. I'll call the embassy for you.
그럼요. 제가 대신 대사관에 전화 걸어 드릴게요.

---

look up 찾아보다   **embassy** 대사관   **in shock** 쇼크, 충격 상태

<u>도난, 분실 사고 시</u> 도난사고 현장 주변 사람들을 통해서나 호텔 매니저에게 알려 현지 경찰에게 신고하고 도움을 받는 것이 일반적인데 상황이 여의치 않거나 직접 신고를 하고 싶다면 재외공간으로 연락하세요. 통역 선임과 관련 정보도 제공받을 수 있어요.

<u>여권 분실 시</u> 지역 경찰서를 찾아가 여권 분실 증명서를 만들고 재외공간에 분실 증명서와 사진 2장, 여권번호, 여권발행일 등을 기재한 서류를 제출해 여행증명서를 발급받을 수 있어요. 여분의 사진과 여권 사본, 신분증 사본을 미리 챙겨 두세요.

임시 여권으로 관광하기

Museum Employee **May I have your photo ID?**
사진이 있는 신분증 부탁합니다.

Gina **Here. It's a Travel document.**
여기요. 여행증명서입니다.

Museum Employee **Uh… I don't know what this is. No passport or driver's license? Student card?**
음… 이게 뭔지 모르겠어요. 여권이나 운전면허증 없나요? 학생증은요?

Gina **I lost my passport a few days ago and the Korea Embassy issued me this to use instead.**
며칠 전에 여권을 분실해서 한국 대사관에서 이걸 대신 사용하라고 발급해 주었습니다.

Museum Employee **I see. Alright. Go ahead.**
알겠어요. 네, 그럼 들어가세요.

Gina **Thank you.**
감사합니다.

Travel document 여행증명서   **driver's license** 운전면허증   **issue** 발부하다

 Travel Tip

각 국가별 여행증명서에 익숙지 않은 게이트 직원들이 이렇게 되물을 수 있어요. 이것이 무엇인지 설명을 꽤 자주할 각오가 되어 있어야 합니다.

임시 여권으로 출국하기

Gina
Checking in for Incheon, Korea.
한국 인천행 체크인 합니다.

Check-in Desk
May I have your passport please? And your flight ticket?
여권 주시겠어요? 탑승권도요.

Gina
It's my Travel document. I lost my passport.
제 여행증명서예요. 여권은 잃어버렸어요.

Check-in Desk
Okay… and your ticket?
네… 그리고 티켓은요?

Gina
I didn't need it when I was checking in from Incheon… do I need to print it out? I have the e-ticket in my email. Can I show you that?
인천에서 체크인 할 때는 필요가 없었는데…. 출력해야 하나요?
전자티켓은 이메일에 있습니다. 그걸 보여 드려도 되나요?

Check-in Desk
Yes, you can do that. I can look it up with your passport number but it's better to have the paper.
FYI, for next time.
그렇게 하셔도 됩니다. 여권번호로 찾아볼 수 있는데 종이 티켓이 있으면 더 좋아요.
그냥 다음 여행을 위해 알아 두시라고요.

---

print ~ out ~를 출력하다   **FYI(for your information)** 알아 두면 좋을 것 같아 말하는데요

출국할 때는 여권만으로 탑승권을 받는데, 입국할 때는 많은 경우 종이에 출력된 e-ticket을 요구하니 출력해 두는 것이 여러모로 편리합니다. 저는 여행 전에 비행기나 열차 예약 증명서 등을 포함하여 필요한 서류를 모두 출력합니다. 미처 챙기지 못한 경우엔 호텔 프런트에 부탁하고요. 외국의 PC방은 찾기도 어렵고 비용도 상당하거든요.

+ more expressions

Can I give you my driver's license instead?
대신 운전면허증을 드려도 되나요?

Can you tell me where the Korean embassy is located?
한국 대사관 위치가 어디인지 알려 주시겠어요?

If it's near here I think I'd rather visit than call.
가까우면 전화 걸기보다 그냥 찾아가려고요.

You have a copy of my passport, right?
제 여권 사본 가지고 있지요?

Could you make me a copy of my passport please?
제 여권을 복사해 주실 수 있나요?

I lost my passport and I need a temporary photo ID.
여권을 잃어버렸는데 임시로 쓸 사진 있는 신분증이 필요합니다.

Do you know where I can find a photo machine?
증명사진 기계가 어디 있는지 아세요?

4 교통편을 놓쳤을 때
I MISSED MY TRAIN

앞서 살펴본 상황들에 비하면 상대적으로 심적 타격이 크지 않은 응급상황입니다. 그래도 하루 일정을 꼬이게 만드는 속상한 일이지요. 기껏 산 표를 그냥 날릴 수 없으니 환불이 가능한지, 시간 변경이 가능한지 물어보는 표현들을 알아보아요. 본인 실수가 아니라면 보상도 받아야 하니 필요한 표현을 꼭 숙지하기로 해요.

Travel words

platform	플랫폼, 탑승장
departure date/time	출발일/출발시간
flight time	비행기 시간
travel agency	여행사
delay	지연되다
take the next train	다음 기차편을 이용하다
last minute	막판에, 급작스럽게

기차가 방금 떠났어요

Gina
I missed my train. I got here exactly on time but it left a minute early.
기차를 놓쳤습니다. 정시에 맞추어 도착했는데 1분 일찍 떠났어요.

Station Employee
You should be at the platform 5 minutes before the departure time… Is your ticket refundable?
출발시간 5분 전에는 플랫폼에 와 있어야 하는데요…. 환불가능한 표입니까?

Gina
I'm not sure. Can you check?
잘 모르겠어요. 확인해 봐 주실 수 있나요?

Station Employee
Let me see. You can change the departure date or time for free before the departure.
어디 봅시다. 출발 전에는 출발일과 시간을 무료로 변경할 수 있습니다.

But after the departure you have to pay a penalty of 15 euro.
하지만 출발 후에는 벌금으로 15유로를 지불하셔야 합니다.

---

exactly on time 정시에   **refundable** 환불가능한   **penalty** 벌금

Travel Tip

기차표를 구매할 때는 1등석, 2등석뿐 아니라 일찍 구매 시 할인해 주는 early bird 가격, 깜짝 할인가, 인터넷 할인가 등이 적용되는 표가 있는지 살펴봅니다. 당연한 말이지만 환불이 되지 않고 출발일과 시간을 변경할 수 없는 표가 더 저렴합니다.

비행기를 놓쳤어요

Gina Could you help? My flight just left without me.
도와주세요. 저 없이 비행기가 방금 떠났어요.

Airport Employee Did you get here late? Which flight?
늦게 도착하셨나요? 어떤 항공편이지요?

Gina Yes… I got confused about the flight time… It's the 3 pm Korean Air to Incheon.
네… 비행기 시간을 헷갈려서…. 오후 3시 대한항공 인천편이에요.

Airport Employee Your ticket requires a penalty to the travel agency you bought the ticket from and to the airline.
승객분 티켓은 표를 구매한 여행사와 항공사에 페널티를 지불하도록 되어 있습니다.

It will be $300 in total.
총 $300입니다.

Then you will be able to change the flight time and take the next flight to Incheon… which is 9 pm.
이렇게 하면 출발시간을 바꾸어 밤 9시에 있는 그다음 인천행 비행기를 타실 수 있습니다.

Gina Okay. I'll do that. Can I pay with credit card?
네. 그렇게 할게요. 카드결제 되나요?

---

get confused about~ ~에 관해 헷갈리다   **the next flight to~** ~행 다음 항공편

항공권을 구매할 때 탑승시간을 놓치는 것에 대한 페널티가 있는지 no-show(예매를 했으나 어떤 이유로든 탑승장에 나타나지 않는 것) 조항을 자세히 읽어 보세요. 탑승시간 전에 변경하는 것과 비행기를 놓치는 것은 또 다르기 때문에 벌금이 상이할 수 있습니다. 특가로 나오거나 매우 저렴한 티켓의 경우, 놓치면 새로 표를 구매해야 할 수도 있으니 주의하세요.

출발시간이 변경되었어요

Gina: It says my train is delayed but it doesn't show when it will leave. Can I find out when it gets here?
제 기차가 지연되었다는데 언제 떠나는지 시간을 명시하지 않고 있습니다. 언제 올지 알 수 있나요?

Station Employee: We're not sure yet. The heavy snow is delaying the train and we may have to stop it when it arrives in Manchester.
아직 확실히 모릅니다. 눈이 많이 와서 지연되고 있는데 맨체스터에 도착하면 거기에서 멈추어야 할 수도 있어요.

Then you will have to take the train that comes after.
그렇게 되면 그다음에 오는 기차에 탑승하셔야 합니다.

Gina: I reserved a seat… if i take the next train, do I still have the same seat?
좌석 예매를 했는데요…. 그다음 기차에 타서 같은 좌석에 앉으면 되나요?

Station Employee: You will have to bring this ticket and change it to another one, which will have a new seat number.
티켓을 가져와 새 좌석번호가 찍힌 다른 티켓으로 바꾸어야 합니다.

Gina: OK. When do you think I will be able to find out anything?
네. 언제쯤 되어야 뭐라도 더 알 수 있을까요?

Station Employee: If anything gets finalized we will put it up on the screen.
뭐라도 확정되는 게 있으면 스크린으로 안내하겠습니다.

---

heavy snow 많은 양의 눈   **get finalized** 확정되다   **put up** 게시하다

여자 여행자에게
필요한 영어는
따로 있다!

여자를 위한 여행 필수표현

EMERGENCIES

MAKING FRIENDS

532

· 맹지나 지음 ·

DSL

목차

기내에서	1
공항에서	3
길에서	5
버스/택시/기차 관련	9
숙소에서	13
관광지에서 1	20
관광지에서 2	24
공연장/전시장에서	28
쇼핑 장소에서	31
지불 및 배송 관련	37
식당에서	42
만남	48
아플 때	54
분실 관련	57
교통 문제 관련	60

기내에서

좀 지나갈게요.
Excuse me, passing through.

실례합니다만, 여긴 제 자리인 것 같은데요.
I'm sorry but I think you are in my seat.

제 의자 좀 눕혀도 될까요?
Could I recline my seat?

의자 좀 앞으로 세워 주실래요?
Could you pull up your seat?

식사할 때 깨워 주세요.
Please wake me up at mealtime.

면세품 판매할 때 깨워 주세요.
Please wake me up for duty free shopping.

치킨으로 주세요.
I will have the chicken, please.

물 한 잔만 주세요.
Could I please have a glass of water?

탄산음료는 무엇무엇이 있나요?
What kind of soda do you have?
    맥주는 beer 와인은 wine

고추장 있나요?
Do you have any red pepper paste?

냅킨 좀 더 받을 수 있을까요?
Could I have some extra napkins?

담요 하나 주시면 좋을 것 같아요
A blanket would be nice.

제 이어폰이 나오지 않는데요.
My earphones aren't working.

한국어 신문 있나요?
Do you have any Korean newspaper?

죄송하지만 생리대 있어요?
I'm sorry but, do you have any menstrual pads?

비행기 멀미가 있는 것 같아요.
I think I'm air sick.

토할 것 같아요.
I think I'm going to throw up.

펜 하나 빌릴 수 있을까요?
Could I borrow a pen?

입국신고서 한 장 더 주시겠어요?
Could I have another arrival card ?
　　　　　　　　　　　세관신고서 customs card

공항에서

갈아타는 데가 어디예요?
Where do I transfer?

면세점에서 산 향수 한 병이 있어요.
A bottle of perfume I bought duty free.

이 가방은 그렇게 무겁지 않은데요.
This bag is not that heavy.

나갔다가 줄을 다시 서야 하나요?
Do I need to go out and line up again?

아, 제 시계인 것 같아요. (=시계 때문에 검색에 걸린 것 같아요.)
Oh, I think it's my watch.

여권을 찾을 수가 없어요.
I can't find my passport.

여권을 이 통 안에 넣었는데요.
I placed my passport in the container.

게이트 3번이 어디 있는지 모르겠어요.
I'm afraid I don't know where Gate 3 is.

비행기가 그렇게까지 늦어지지는 않겠지요?
My flight isn't going to be that late, right?

제 가방이 안 나왔어요.
My bag didn't come out.

휴가 차 왔어요.
I'm on my holidays.

일주일 있다가 돌아가요.
Going home after a week.

잠깐 긴장했네요.
You made me nervous for a second there.

홀리데이 인에서 묵어요.
I'm staying at the Holiday Inn.

잠시만요.
Hold on please.

이메일에 호텔 정보가 있어요.
I have the hotel information in my email.

제가 직접 짐을 쌌어요.
I packed it myself.

런던은 처음이에요.
It's my first time in London.

길에서

길을 잃었는데 도와주실 수 있나요?
I'm lost. Could you help me?

길을 좀 물어봐도 될까요?
Could I ask you for directions?

단지 제가 지금 어디에 있는지 알고 싶어요.
I'm just trying to find out where I am right now.

제 지도에 호텔 위치를 표시해 주세요.
Could you please mark the location of the hotel on my map?

실례합니다. 메인 스트리트로는 어떻게 가야 하나요?
Excuse me, How do I get to Main Street?

여기서 직진하면 센트럴 파크가 나오나요?
If I go straight ahead it's Central Park?

죄송하지만 한 번 더 말씀해 주시겠어요?
I'm sorry, Could you repeat?

다섯 블록을 걸어가는 데 시간이 얼마나 걸리나요?
How long does it take to walk 5 blocks?

여기에서 은행까지 걸어갈 수 있나요?
Is it possible to walk to the bank from here?

지금 당장 가려는 것이 아니에요.
I'm not going the right away.

약도를 그려 주시겠어요?
Could you draw me a map?

따라오세요. 길을 안내해 드릴게요.
Follow me. I'll show you the way.

그럼 정말 좋겠어요.
That would be perfect.

정말 큰 도움을 주셨어요.
You saved my day.

저, 이 근처에 은행이 있나요?
Excuse me, is there a bank near here?

이 근처에는 없어요.
Not near here.

지금 이곳이 어디인지 전혀 모르겠어요.
I have no idea where I am.

병원이 어디에 있는지 전혀 모르겠어요. (가고 싶은 장소를 묻는 표현)
I have no idea where the hospital is.

우체국은 post office   인포메이션 센터는 information center

가장 가까운 약국은 어디에 있나요?
Where is the closest **pharmacy**?
택시 승강장은 taxi stand

공항 가는 가장 빠른 길은 어디예요?
What is **the quickest way** to the airport?
가장 쉬운 길은 the easiest way
가장 좋은 길은 the best way

왼쪽으로 가세요.
go left.

직진하세요. (평지에서)
go straight.

왼쪽으로 꺾으세요.
turn left.

직진하세요. (내리막길에서)
go down.

오른쪽으로 가세요.
go right.

직진하세요. (오르막길에서)
go up.

오른쪽으로 꺾으세요.
turn right.

통과하세요.
go through.

시내 지도는 어디에서 얻을 수 있을까요?
Where can I get a city map?

시내 지도를 받아 보려 하는데요.
I'm looking for a city map.

이거 가지고 갈게요.
I'll take this one, thank you.

지도 하나 더 받을 수 있어요?
Could I please have another map?

버스 지도가 따로 있나요?
Do you have a separate bus map?

지하철 노선도도 표시되어 있나요?
Is the metro map on it?

버스/택시/기차 관련

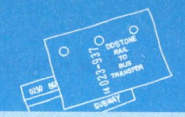

표는 어디서 사죠?
Where do I buy the ticket?

기계가 제 돈을 먹었어요.
The machine ate my money.

지하철표 한 장이오.
One metro ticket please.

5일 패스 한 장 부탁합니다.
One 5-day pass, please.

대학원생인데요. 할인이 되나요?
I'm a graduate student. Could I get a discount?

학생증 여기 있어요. 이걸로 되나요?
I have my student card. Does this work?

제 카드를 충전하려 하는데요.
I'd like to top up my card, please.

10파운드 충전해 주세요.
Please top up ten pounds.

이 카드는 언제까지 사용할 수 있나요?
Could you tell me until when I can use this card?

이 패스에 남은 날이 며칠인가요?
How many more days do I have left on this pass?

학생 요금이 (따로) 있나요?
Is there a student fare?

제 카드가 작동하지 않습니다.
My card doesn't work.

정액권 종류는 어떤 것들이 있나요?
How many types of passes are there?

지하철 막차가 몇 시인가요?
What time is the last metro?

버스 첫차가 몇 시에 있나요?
What time is the first bus?

몇 번 버스를 타야 하나요?
Which bus do I have to take?

5번 버스는 얼마나 자주 오나요?
How often does bus no. 5 come?

이 버스 타면 공항 가나요?
Does this bus take me to the airport?

그럼 지하철을 타야 하나요?
So do I have to take the subway?

아무 버스나 타도 모두 그리로 가요.
Take any bus, they are all headed there.

앞으로 몇 정거장 남았나요?
How many stations do I have left?

스타디움으로 가려면 정류장 몇 개를 지나야 하나요?
How many stops does it take to get to the stadium?

이 열차가 OO역에 서는 것 맞나요?
Does this train stop at the OO station?

저도 다음에서 내려요.
I'm getting off at next stop, too.

죄송합니다. 이번에 내려요. (=길 좀 비켜 주세요.)
Sorry, but this is my stop.

공항까지 가는 데 요금이 얼마나 되나요?
How much is the fare to the airport?

공항 가는 데 정해진 기본요금이 있나요?
Do you have a flat fee to the airport?

공항 가는 데 추가 요금이 있나요?
Do you charge extra to get to the airport?

짐 한 개당 5달러입니다.
It's 5 dollars per bag.

죄송한데, 미터기 작동 중인가요?
Sorry, but is the meter running?

어디 잠시 들렀다 갈 수 있을까요?
Would you mind making a quick stop?

여기 내려 주세요.
Can you drop me off here?

터미널 1에서 출발해요.
I'm leaving from Terminal 1.

영수증 부탁합니다.
May I have a receipt please?

잔돈은 그냥 두세요!
Keep the change!

숙소에서

예약했습니다.
I have a reservation.

빈 방 있나요?
Do you have an available room?

1박당 요금이 어떻게 되지요?
How much is it for 1 night?

여권을 분실해서 사본만 가지고 있습니다.
I lost my passport, so I only have a copy of it.

체크인 완료하였습니다.
You are all checked in.

와이파이 비번은 뭔가요?
What's the wi-fi password?

방에서도 신호가 잡히나요?
Do I get the signal in my room as well?

방을 업그레이드 하고 싶습니다.
I wish to upgrade my room.

방을 바꿀 수 있을까요?
Could I change rooms?

흡연실로 바꿀 수 있나요?
Is it possible to change to a smoking room?

원래는 스위트룸 가격이 얼마인가요?
How much is the suite room usually?

마지막 2박만 업그레이드 할 수 있나요?
Can I upgrade it just for the last two nights?

하루 더 있다가 출국하게 됐어요.
I have to fly out a day later.

1박 연장이 가능할까요?
Could I extend my stay for one day?

방을 바꿔야 하나요?
Do I have to change rooms?

방 가격은 동일한가요?
Is the price of the room same?

짐 싸서 내려와야 하나요?
Do I have to pack and come down?

조식은 몇 시인가요?
What time is the breakfast?

조식은 어디에서 먹나요?
Where do I have breakfast?

몇 호신가요?
What's your room number?

715호입니다.
This is room 715.

저녁식사를 방에서 할 수 있을까요?
Could I have dinner in my room?

(사람들이) 너무 시끄러워서 잠을 잘 수 없습니다.
They are so noisy I can't sleep.

조금 조용히 해 달라고 말해 주세요.
Could you tell them to quiet down a little?

중앙냉방인가요?
Do you have central air conditioning?

밤에는 냉방장치를 꺼 주실 수 있나요?
Could you turn the A/C off during the night?

냉방장치를 다시 켜 주실 수 있나요?
Could you turn the A/C on again?

난방을 조금 줄여 주실 수 있나요?
Could you please turn down the heater a little?

뜨거운 물이 나오지 않습니다.
I can't get any hot water.

열쇠를 잃어버렸어요.
I lost my key.

목욕 타월 한 장 더 받을 수 있을까요?
Could I please have another bath towel?

수건은 새로 받지 못했습니다.
I didn't get any new towels.

샴푸만 좀 받을 수 있을까요?
Can I just get some shampoo?

다 썼어요.
I ran out of them.

오늘 청소는 필요 없습니다. 감사합니다.
Cleaning won't be necessary today, thank you.

2시간 후 다시 오실 수 있나요?
Could you come back in 2 hours?

내일 아침 5시에 모닝콜을 부탁할 수 있을까요?
Could I ask for a wake-up call at 5 am?

두 번째 콜을 7시 20분으로 변경할 수 있을까요?
Could I change the latter to 7:20?

시차 적응 때문에 피곤해요.
I'm very jet lagged.

이거 전체 계산서에 포함되나요?
Will this be included in my bill?

식비는 숙박비에 더해 주실 수 있나요?
Could you put the bill on my room?

세탁 서비스 가능한가요? 드라이클리닝은요?
Do you have laundry service? What about dry cleaning?

주변에 빨래방이 있나요?
Is there a Laundromat nearby?

이 재킷을 드라이클리닝 맡기고 싶습니다.
I'd like to dry clean this jacket please.

가장 빨리 되는 것이 언제죠?
When is the soonest?

가 볼 만한가요?
Is it worth going?

가 볼 만한 데 추천해 주세요.
Could you recommend me some places to visit?

투어 프로그램 진행하는 것이 있나요?
Do you have any tour programs?

모나리자 실제로 볼 만한가요?
Is the Mona Lisa really worth seeing?

라스칼라 극장표를 호텔로 배송시켜도 되나요?
Could I have my La Scala tickets sent to the hotel?

이유진이라는 이름으로 올 거예요.
It will arrive to Ms. Eugene Lee.

3일 안에 올 거예요.
It will arrive in 3 days.

체크아웃 하려고요.
I'd like to check out, please.

내일 체크아웃 하려는데, 늦게 나가도 될까요?
I'm checking out tomorrow, but is late check out possible?

오후 3시까지 짐을 맡겨도 될까요?
Can I leave my bags until 3 pm?

짐 두는 방은 어디 있어요?
Where is the baggage room?

감시 카메라가 있나요?
Does it have a surveillance camera?

기차역으로 가는 택시가 필요합니다.
I need a taxi to the train station.

택시가 10분 안에 올까요?
Will the taxi get here in 10 minutes?

제가 조금 늦어서요.
I'm running a little late.

내일 아침 5시에 데리러 올 택시를 예약할 수 있을까요?
Can I schedule a taxi pick up for 5 am tomorrow?

지금 당장 부르면 얼마나 기다려야 올까요?
How long is the wait for a taxi right now?

로비에서 기다릴게요.
I will wait in the lobby.

유료 영화는 보지 않았어요.
I didn't order any pay-per-view movie.

관광지에서 1

오늘이 뉴욕에서의 첫날이에요.
This is my first day in New York.

걸어서 하는 투어 중 뭘 제일 추천하세요?
In your opinion, what is the best walking tour program?

내일은 몇 시에 여나요?
What time do you open tomorrow?

점심시간엔 문을 닫나요?
Do you close for lunch?/Do you have lunch breaks?

일요일에도 문 여나요?
Are you open on Sundays too?

한국어로 된 지도도 파나요?
Do you carry Korean maps?

박물관 패스에는 어떤 종류가 있나요?
What kind of museum passes do you have?

이 패스로 얼마나 절약을 하게 되는 건가요?
How much would I be saving with this pass?

내일부터 패스를 이용할 수 있나요?
Can I start using this pass from tomorrow?

예약해야 해요?
Do I have to make a reservation?

오늘 오후 3시에 이 투어를 예약하려 해요.
I wish to book this tour for this afternoon at 3.

3시는 예약이 다 찼네요.
I'm afraid 3 pm is full.

몇 시에 끝나나요?
What time does it finish?

저희 그룹 투어에 몇 명이나 오나요?
Can I ask how many people will be in my tour group?

이번 투어에 한국 사람이 또 있나요?
Do you know if there are any other Koreans in this tour?

투어는 영어로만 진행이 되나요?
Will the tour be conducted only in **English**?

프랑스어 French 스페인어 Spanish
독일어 German 이탈리아어 Italian

영어로만 진행되는 프로그램이 있나요?
Is there an English-only program?

그럼 투어 하러 여섯 시에 다시 오면 되나요?
So do I come back at six for the tour?

영수증 다시 들고 와야 하나요?
Do I need to bring the receipt back?

티켓이나 영수증 안 주시나요?
Is there a ticket or a receipt I can take?

혹 한국어 가이드 분들은 안 계신가요?
Do you have any Korean guides?

투어가 취소될 가능성도 있나요?
Is there any possibility of cancellation?

비가 와도 진행이 되나요?
Will it still be on even in rain?

죄송한데 다시 한 번 말씀해 주세요.
I beg your pardon?

마지막 부분을 못 들었습니다.
I didn't get the last part.

써 주실 수 있어요?
Could you write it down for me?

휴식시간을 몇 분 준다고 하셨죠?
How long is the break again?

화장실을 다녀와서 길을 잃을까 봐 걱정이 돼서요.
I'm worried I will get lost after going to the toilet.

사진 찍는 시간이 따로 있나요?
Will we have a separate photo time?

우리 여기로 다시 모이는 건가요?
Are we meeting back here?

차에 계속 있어도 될까요?
Is it okay if I just stay in the car?

약간 멀미가 나서요.
I'm a little car sick.

혹시 아스피린 갖고 계세요?
Do you happen to have any aspirin?

진통제 painkiller 반창고 band-aid

잠깐 가서 아스피린만 사와도 될까요?
Can I quickly go and get some aspirin?

관광지에서 2

실례합니다. 사진 한 장 부탁해도 될까요?
Excuse me, would it be possible for you to take a photo?

어떻게 찍어 드릴까요?
How do you want it?

줌 해서 찍어 드릴까요?
Do you want me to zoom in?

저희 뒤에 콜로세움이 나오게 찍어 주세요.
With the Coliseum behind us.

전신 샷으로 찍어 주세요.
I want a full shot.

저보단 배경 위주로 찍어 주세요.
More background than me, thank you.

한 장 더 찍어 주실 수 있나요?
Could you take another?

저, 제가 사진 찍어 드릴까요?
Sorry, do you want me to take your photo?

그럼 정말 좋지요! 그래 주시겠어요?
That would be great! Would you?

앗, 플래시가 터졌네요.
Oh, the flash went off.

버튼을 좀 더 오래 누르고 계셔야 해요.
You need to press the button longer.

사진이 제대로 나온 것 같지 않아요.
I don't think it came out right.

사진이 좀 흔들린 것 같아요.
I think it's a little blurry.

사진사시네요! 정말 좋아요.
You're a photographer! It's perfect.

실례합니다. 밴드 사진 한 장 찍어도 될까요?
Excuse me, can I take a photo of **your band**?

상점 사진을 the store?
음료 사진을 the drink?
그림 사진을 the painting?

여기 사진 찍어도 괜찮은가요?
Am I allowed to take photos here?

실례합니다. 화장실이 어디 있는지 아세요?
Excuse me, do you know where the ladies' room is?

죄송해요. 잔돈이 하나도 없네요.
I'm sorry, I don't have any change.

20달러(유로) 지폐를 바꿀 곳이 어디 없을까요?
Do you know where I can break a 20?

죄송한데, 제 20달러(유로)를 잔돈으로 바꿀 수 있을까요?
Excuse me. Could you break my 20?

10달러짜리 두 장으로 부탁할게요.
2 tens please.

10달러짜리 지폐밖에 없어서요.
I only have 10s.

잔돈은 어디에서 바꿀 수 있을까요?
Where can I get change?

화장실을 이용해야 해서 동전이 필요해요.
I need coins for the toilet.

화장실 이용료가 얼마인가요?
How much is it to use the toilet?

잔돈 돌려주나요?
Does it give change?

5센트짜리 동전도 받나요?
Does it accept 5 cent coins?

손님 전용인가요?
Is it only for customers?

휴지는 어디에서 살 수 있나요?
Where could I get toilet paper?

자판기가 있나요?
Is there a vending machine?

(화장실) 안에 누구 있나요?
Is someone in there? = Is it occupied?

안에 휴지 있나요?
Is there toilet paper inside?

줄 서 계신 건가요?
Are you in a line?

공연장/전시장에서

매표소는 어디에 있나요?
Where can I find the ticket office?

8시 공연표 한 장 주세요.
One ticket for the 8 o'clock **show**, please.
영화 movie 콘서트 concert

원어로 나오는 거 맞나요?
Is it the original version?

자막은 어느 나라 말인가요?
What's the subtitle language?

몇 시간짜리 공연이에요?
How long is the show?

온라인 티켓을 샀는데요.
I bought the ticket online. = I bought an e-ticket.

예약번호 말씀해 주시겠어요?
Could you give me your reservation number?

전자티켓을 출력해 와야 하나요?
Do I have to print out my e-ticket?

표를 출력할 곳이 어디 있나요?
Where can I find a place to print my ticket?

다음 주 표를 미리 사도 되나요?
Could I purchase next week's tickets in advance?

내일 표를 끊고 싶습니다.
I'd like to purchase tomorrow's tickets.

학생 할인이 되나요?
Do you have student discount?

학생증도 괜찮나요?
Would my student ID do?
    대학원 학생증 graduate school student card
    한국 학생증 Korean student card

몇 명부터 단체 할인이 적용되나요?
From how many do you give group discounts?

다음 주부터 시작하는 정기 전시에는 할인을 받을 수 있나요?
Could I get a discount on the regular exhibition from next week then?

그렇게 하면 더 싼가요?
Is it cheaper that way?

그때 다시 올게요.
I'll come back then.

내일 다시 올 수 있습니다.
I can come back tomorrow.

팸플릿은 어딜 가면 받을 수 있나요?
Where can I get a pamphlet?

한국어 팸플릿 있나요?
Do you have a Korean pamphlet?
프로그램 Program 브로셔 Brochure

팸플릿 다섯 장 주세요.
Could I please have 5 pamphlets?

팸플릿이 없나요? 웹사이트는 있나요?
No pamphlet? Do you have a website?

웹사이트에도 정보가 모두 나와 있나요?
Is all the information on the website as well?

그거 재밌겠네요.
That would be fun.

쇼핑 장소에서

화장품 코너가 어디 있는지 알려 주시겠어요?
Could you tell me where the cosmetics department is?

저, 여기 좀 도와주시겠어요?
Sorry, could you help me out here?

가격표가 안 붙어 있어요.
There is no price tag.

저, 이 귀걸이 사려 하는데요.
Excuse me, I'd like to purchase these earrings.

로레알 메이크업 리무버를 찾고 있어요.
I'm looking for the L'Oreal makeup remover.

제가 찾던 게 바로 이거예요!
That's just what I was looking for!

이걸로 할게요.
I'll take this.

탈의실은 2층에 있습니다.
The changing room is on the second floor.

스포츠웨어 코너가 어디 있는지 알려 주시겠어요?
Can you tell me where the sportswear section is?

언제 재입고 될까요?
Do you know when they will be restocked?

지난 시즌 상품은 할인하나요?
Are the last season items on sale?

세일은 언제 시작하나요?
When does the sale begin?

여기 현지 브랜드 제품인가요?
Is this a local brand?

한정판인가요?
Is this limited edition?

다른 크기도 있나요?
Does it come in any other sizes?

이거 사이즈 4가 있나요?
Do you have this in size 4?

조금 더 저렴한 건 없나요?
Do you have anything less expensive?

살짝 더 밝은 게 있을까요?
Do you have it in a little lighter shade?

파스텔 톤은 없나요?
Do you have something in a pastel tone?

이거 입어 볼 수 있나요?
May I try this on?

하나 더 입어 봐도 될까요?
May I try on another pair?

이 원피스는 어디에서 입어 볼 수 있나요?
Where can I try this dress on?

이건 제게 좀 작은 것 같아요.
I think these are a little small for me.

색이 너무 강해요.
The color is too vivid.

안 맞아요.
It doesn't fit.

허리가 맞지 않아요.
It doesn't fit around the waist.

더 큰 사이즈를 입어 보는 게 나을까요?
Should I try on a bigger size?

어떤 사이즈가 맞을지 모르겠어요.
I'm not sure which size will fit.

태닝한 피부에 이 원피스가 잘 어울릴까요?
Would this dress suit tanned skin?

청바지와 입어도 예쁠까요?
Would it look good with jeans, too?

이런 옷은 이미 있어요.
Already have something like this.

이거랑 비슷한데 프릴이 없는 것을 원해요.
I want something like this but without the ruffles.

이거 드라이클리닝 맡겨야 하나요?
Do I need to dry clean this?

여분 단추도 같이 주나요?
Does it come with a spare button?

그건 별로 당신의 체형과 어울리지 않아요.
That doesn't really suit your figure.

이건 어때요?
How about this one?

완벽하게 잘 어울리네요.
It looks perfect.

이 치마엔 뭐가 잘 어울릴까요?
What would go well with this skirt?

줄무늬 블라우스 있나요?
Do you have any striped blouses?

조언을 구해도 될까요?
Could I ask you for advice?

하나 더 물어봐도 되나요?
Could I ask you one more thing?

어떤 것이 더 제게 잘 어울리나요?
Which do you think looks better on me?

녹색 옷이 당신 눈을 더 돋보이게 하네요.
I think the green brings out your eyes.

이거 언제 출시됐어요?
When was this launched?

새로 나왔나요?
Is it new?

특별 한정판 립스틱인가요?
Is it the special limited edition lipstick?

색이 제 피부톤과 잘 어울릴까요?
Do you think the color would suit my skin tone?

(화장품 질감이) 너무 묽어요.
This is too watery.

워터프루프로도 있나요?
Do you have this in waterproof?

이 향수 시향해 볼 수 있을까요?
Could I sample this perfume?

지난주에 출시됐어요.
It just came out last week.

마지막 하나 남았어요.
This is the last one we have.

매진이에요.
It's all sold out.

한국에서 서비스 받을 수 있나요?
Could I get after service in Korea?

여기에서 서비스 받는 것과 동일하다는 거죠?
It will be the same as getting serviced here?

영수증도 가지고 있어야 하나요?
Do I need to keep my receipt as well?

그러실 필요는 없습니다.
No need for that.

보증서는 언제까지 유효하나요?
How long is the warranty?

지불 및 배송 관련

말도 안 돼! 너무 비싸요.
No way! It's too expensive.

그건 너무 비싸요.
That's way too much.

생각했던 것보다 비싸요.
It's expensive than I thought.

제 예산을 넘는 가격이네요.
That's beyond my budget.

전 30달러 안팎을 생각하고 있었어요.
I was thinking around $30.

다른 곳 더 둘러볼게요.
I'll look around more, thank you.

딱 버스비와 점심값만 있어요.
I just have enough for bus and lunch.

가격이 어떻게 되나요?
What's the price?

총 금액이 얼마인가요?
What's the total?

부가가치세 포함인가요?
Is VAT included?

얼마나 할인을 받게 되나요?
How much of a discount am I getting?

할인 후 가격이 어떻게 되는 건가요?
What is the price after the discount?

환율이 어떻게 되나요?
What's the exchange rate?

달러로 지불해도 돼요?
Could I pay with dollars?

신용카드로 결제하겠습니다.
I'd like to pay with my credit card, please.

반은 현금, 반은 카드로 계산해도 될까요?
Can I pay half in cash and half with my credit card?

할부 되나요?
Could I pay in installments?

몇 개월로요?
How many months?

3개월이오. 무이자인가요?
3 months please. Is it interest free?

카드사에 문의해 보셔야 할 것 같습니다.
You will have to check with your card company.

제건 마스터카드예요.
Mine's MasterCard.

잔돈을 잘못 주신 것 같습니다.
I'm afraid you gave me the wrong change.

이 쿠폰을 사용할 수 있나요?
Could I use this coupon?

이 두 쿠폰 함께 써도 되나요?
Could I use these two coupons together?

이 쿠폰은 언제까지 유효한가요?
Until when is this coupon valid?

그냥 입구에서 받은 거예요.
I just got it at the entrance.

해외배송이 가능한가요?
Is overseas shipping possible?

이 지역 주소로 배송해 주시겠어요?
Could you send it to a local address?

배송 추적 가능한가요?
Can I track the delivery?

한국으로 소포를 부치는 데 얼마가 들까요?
How much would it cost me to send a package to Korea?

도착하는 데 얼마나 걸릴까요?
How long will it take to arrive?

이 두 개는 특급으로 보내고 나머지는 일반으로 보낼게요.
These two by express and the rest by regular, please.

이거 무게 좀 달아 주시겠어요?
Could you weigh this, please?

이 소포 여기에서 포장할 수 있나요?
Could I wrap this package here?

'깨지기 쉬움'/'조심히 다룰 것'이라고 표시해 줄 수 있나요?
Can you mark it as 'Fragile'/'Handle with care'?

수집용 우표도 판매하나요?
Do you sell stamps for collectors?

이거 선물포장 되나요?
Could I have it gift-wrapped?

리본도 둘러 주실 수 있나요?
Could you put a ribbon around it too?

포장은 필요 없지만 충전재를 좀 받을 수 있을까요?
I don't need wrapping, but can I get some bubble wrap?

여기 포장지 판매하나요?
Do you sell gift-wrapping paper here?

병문안 카드 있나요?
Do you have any **get-well cards**?

    생일축하 birthday cards   엽서 postcards
    기념일 anniversary cards   카드 gift cards

충전재 포장 되나요?
Do you have bubble wrap?

제 소포에 보험을 들 수 있을까요?
Can I get insurance for my package?

식당에서

주문할게요.
I'd like to order, please.

음료부터 주문하시겠습니까?
Can I start you off with a drink?

와인 한 병 추천해 주시겠어요?
Could you recommend a bottle of wine?

주문하시겠습니까?
Are you ready to order?

무엇을 추천하시나요?
What do you recommend?

인기메뉴가 뭔가요?
What's popular?

유기농 메뉴 있나요?
Do you have anything organic?

어린이 메뉴를 주문해도 되나요? 많이 배고프지 않아서요.
Can I order the kid's menu? I'm not that hungry.

옆 테이블에서 먹는 게 뭐예요?
What is the next table having?

음식 나올 때까지 얼마나 걸려요?
How long will it take to receive our food?

죄송한데 주문 벌써 들어갔나요?
I'm sorry, but did my order go in yet?

주문을 변경하기엔 너무 늦었나요?
Is it too late to **change** my order?
　　　　　　　　취소하기에는 cancel

추가 주문해도 될까요?
Could we order something else too?

아직 주문이 들어가지 않았습니다.
The order didn't go in yet.

주문한 지 한참 지났는데요.
We've been waiting quite a while.

주방은 몇 시까지 하나요?
What time does the kitchen close?

마지막 주문은 언제 받으시나요?
When do you take last orders?

언제 문 닫으세요?
When do you close?

여기에서 먹고 갑니다.
Eat here, thank you.

포장해 주세요.
Take-out, please.

포장하는 데 얼마나 걸릴까요?
Take-out please. How long will it take?

닭고기를 소고기로 바꿀 수 있나요?
Can I substitute the chicken for beef?

파프리카 빼 주실 수 있나요?
Can I have it without paprika?

샐러드에 토마토는 넣지 말아 주세요.
Could you leave out the tomatoes in the salad.

매콤한가요?
Is it spicy?

식전 빵은 무료인가요?
Is the bread basket free?

이건 제가 주문한 게 아니에요.
This is not what I ordered.

스테이크를 미디움으로 부탁했는데 이건 레어예요.
I asked my steak to be medium but this is rare.

이거 데워 주시겠어요?
Would you mind heating this up?

올리브 오일과 발사믹 식초 좀 더 주세요.
May I have some more olive oil and balsamic vinegar?

샐러드 드레싱 더 주세요.
More salad dressing please.

식기도구 하나 더 주세요.
Another set of cutlery please.

포크를 방금 떨어뜨렸어요.
I just dropped my fork.

이 접시들 치워 주세요.
Can you clear these plates?

리필 할 수 있을까요?
Can I have a refill, please?

음료 무료로 리필 되나요?
Are drinks refilled for free?

케첩도 받을 수 있을까요?
Could I have some ketchup, too?

와인 메뉴판 주세요.
May I see the **wine list**?
　　　　디저트 메뉴판 dessert menu

모두 맥주 한 잔씩 더 주세요.
Another round of beer, please.

남은 음식 싸 주세요.
Could I have the leftovers to go, please?

소스는 따로 담아 주실 수 있나요?
Could you pack the sauce separately?

포크도 새로 받을 수 있을까요?
Could I get a new fork as well?

식어도 맛있지요?
It still tastes good cold, right?

계산서 부탁합니다.
Can we get the bill, please?

계산서 잘못 가져다 주셨어요.
You gave us the wrong bill.

우리 계산서 다시 봐 주시겠어요?
Could you please take another look at our bill?

실수가 있는 것 같습니다.
There seems to be a mistake.

뭔가 잘못되었나요?
Is something wrong?

우리는 갖다 주신 접시 사진을 전부 찍었어요. 보여 드릴 수 있습니다.
We took photos of all the dishes we were served. We can show you.

전 파스타는 아예 시키지도 않았어요.
I didn't even order any pasta.

잔돈 주실 필요 없어요. 감사합니다.
No need for the change, thank you.

만남

한국에 와 본 적 있니?
Have you ever been to Korea?

페이스북 하는지 물어봐도 되나?
Is it alright to ask if you are on Facebook?

친구 추가해도 돼?
Can I add you?

친구 추가했어.
I added you.

사진들 문자로 보내 줄게.
I'll message you the photos.

내 페이스북에 올려도 돼?
Can I post them on my wall?

태그는 걸지 말아 줘.
Don't tag me, please.

미안, 뭐라고 했는지 모르겠어.
Sorry, I didn't catch that.

조금 천천히 말해 줄 수 있을까?
Could you slow down a little please?

내가 구글 번역기로 보여 줄게.
Let me show you on Google Translate.

전화번호 알려 줄래?
Could I have your phone number?

못 알아들었어.
I missed that.

내 말은 그 뜻이 아니었어.
That's not what I meant.

미안, 내 발음이 정확하지 않을 수도 있어.
Sorry, my pronunciation may not be correct.

밥 먹었어?
Have you eaten?

난 이제 점심 먹으러 나가려던 참이야.
I'm about to go out for lunch.

어디 가고 싶어?
Where do you want to go?

지금 바로 가도 돼?
Are you good to go?

로비에서 기다릴까?
Should I wait for you at the lobby?

5분 후 로비에서 만나!
Meet you at the lobby in five!

뉴질랜드는 날씨가 어때?
How is the **weather** in New Zealand?
　음식 food　문화 culture　사람들 people

날씨는 여기랑 거의 비슷한 것 같아.
The weather is pretty much the same I guess.

날씨는 여기보다 좀 더 추운 것 같아.
I think it's a little **colder** than here.
　따뜻한 것 warmer
　습한 것 more humid
　건조한 것 more dry

한국 음식에 대해서는 이야기 많이 들었어.
I heard many things about Korean food, actually.

오늘 계획한 일정 있어?
Do you have anything planned for the day?

특별한 거 없어.
Nothing much.

점심때 만날래?
Do you want to meet up for lunch then?

1시에 거기에서 볼까?
Meet you there at 1 o'clock?

점심 먹고는 뭐할까?
What do you want to do after lunch?

이번 여행에 널 만나서 정말 기뻐!
I'm so happy I met you on this trip!

연락하고 지내자.
Keep in touch.

한국 오고 싶으면 언제든지 내게 알려 줘.
Let me know whenever you want to visit Korea.

투어 끝나고 뭐해?
What are you doing after the tour?

아직 확실하지 않아. 너는?
I'm not sure yet. You?

내가 저녁 대접해도 될까? (데이트 신청의 의미)
Can I take you out to dinner?

너도 혼자 여행하는 거야?
Are you traveling alone too?

그냥 확실히 알고 싶어서.
I just wanted to be sure.

난 그냥 좋은 친구가 되려는 거야.
I'm just trying to be a nice friend.

어쩌면 내일 점심에 시간이 될 것 같아.
I might be free for lunch tomorrow.

맥주 마시든지 하자.
We can grab a beer or something.

친구 데리고 나가도 돼?
Do you mind if I bring a friend?

단 둘이서만?
Just the two of us?

확실히 말해! 헷갈리니까.
Be clear! It's confusing.

난 불분명한 건 싫어.
I don't like blurred lines.

남자친구 기다리고 있어요.
I'm waiting for my boyfriend.

혼자 두었으면 좋겠습니다.
I'd like to be left alone.

싫다고 했어요.
I said no.

말귀를 못 알아들어? 나 가만히 내버려 두라고!
Do you not get the point? Leave me alone!

썩 꺼져. 경찰 부르기 직전이니까.
Get lost! I'm this close to calling the police.

지금 당신이 나 짜증나게 하고 있어요. 빨리 가세요.
You're annoying me. Please go away.

내 시간 낭비하지 말고 가던 길 가세요.
You're wasting my time. Get going.

뭐 이런 사람이 다 있어? 나 그만 괴롭혀요.
What is wrong with you? Stop harassing me.

아플 때

근처에 약국이 있나요?
Is there a pharmacy nearby?

감기약 있나요?
Do you have **cold medicine**?
      연고 any ointment 소독약 any disinfectant

소화제 있나요?
Do you have anything for indigestion?

좀 따갑습니다.
It stings a little.

기침이 심해요.
I have a bad cough.

콧물이 나요.
I have a runny nose.

열이 나요.
I have a fever.

목이 아파요.
My throat hurts.

머리가 아파요.
I have a headache.

복통이 있어요.
I have a stomachache.

속이 굉장히 메스껍고 어지러워요.
I'm feeling very nauseous and dizzy.

언제부터 증상이 있었나요?
How long have you been feeling that way?

이런 지 한 시간 되었어요.
I've been like this for an hour now.

너무 심해요.
It's really bad.

점점 심해지고 있어요.
It's getting worse.

목이 아픈데 이게 도움이 될까요?
Would it help with my sore throat?

식후에 복용하는 건가요?
Do I take it after meals?

빈속에 먹어도 되나요?
Could I take it on an empty stomach?

이 약 복용하면 졸릴까요?
Will it make me sleepy?

얼마나 자주 복용해야 하나요?
How often do I take?

알약은 없나요?
Do you have any tablets?

이유는 모르겠습니다.
I don't know why.

몸이 별로 안 좋아.
I don't feel well.

너무 피곤해.
I'm feeling very tired.

평소와 다르게 그냥 에너지가 없어.
I'm just not really energetic as usual.

평소의 나답지 않아.
I'm not myself.

두통에는 무슨 약을 먹어야 할까?
Do you know what I should take for headache?

그 약 구매하는 데 처방전이 필요해?
Do I need a prescription for that?

구급차 좀 불러주세요.
Please call me an ambulance.

병원에 데려다 주세요.
Please take me to the hospital.

분실 관련

죄송한데 저 좀 도와주시겠어요?
I'm sorry, but can you help me?

가방이 없어졌어요.
My bag is gone.

CCTV를 확인할 수 있을까요?
Is it possible to check the security camera?

아직 신고 못 했어요.
I haven't reported it yet.

먼저 경찰에 전화를 할까요?
Should I call the police first?

대신 신고해 주실 수 있어요?
Could you call the police for me, please?

경찰이 오면 같이 사건 경위를 이야기해 주시겠어요?
Could you help me make the report when the police comes?

도둑 맞아서 신고하려 합니다.
I'd like to report a robbery.

방금 소매치기를 당했어요.
I've just been pickpocketed.

가방 안에 무엇이 있었나요?
What was in your bag?

죄송해요, 지금 너무 당황해서요.
I'm sorry, I'm panicking.

이 지역을 찍는 보안 카메라가 있나요?
Do you have a security camera that covers this area?

도둑을 잡을 가능성이 조금이라도 있나요?
Is there any possibility of catching the thief?

제 소지품을 다시 찾을 수 있을까요?
Will I be able to get my things back?

여기 전화를 사용해도 되나요?
Could I use the phone here?

여행증명서입니다.
It's a Travel Document.

며칠 전에 여권을 분실했어요.
I lost my **passport** a few days ago.
    지갑을 wallet
    가방을 bag
    소지품을 belongings

한국 대사관에서 이걸 대신 사용하라고 발급해 주었습니다.
The Korea Embassy issued me this to use instead.

대신 운전면허증 드려도 되나요?
Could I give you my driver's license instead?

한국 대사관 위치가 어디인지 알려 주시겠어요?
Could you tell me where the Korean embassy is located?

증명사진 기계가 어디 있는지 아세요?
Do you know where I can find a photo machine?

국제전화 걸려면 어디로 가야 하는지 아세요?
Do you know where I can make an international phone call?

한국 대사관 전화번호를 어떻게 찾아봐야 할까요?
How can I look up the Korean embassy phone number?

제 여권을 복사해 주실 수 있나요?
Could you please make me a copy of my passport?

교통 문제 관련

기차를 놓쳤습니다.
I missed my train.
　　　버스를 bus　비행기를 flight

정시에 맞추어 도착했어요.
I got here exactly on time.

기차가 1분 일찍 떠났어요.
The train left one minute early.

플랫폼 정보가 마지막 순간에 바뀌어 기차를 놓쳤어요.
The platform information changed at the last minute and I missed my train.

저 없이 비행기가 방금 떠났어요.
My flight just left without me.

게이트가 바뀐 걸 몰랐어요.
I didn't know that my gate had been changed.

오후 3시 대한항공 인천편이에요.
It's the 3 pm Korean Air to Incheon.

제 기차가 취소되었습니다.
My train got canceled.

좌석을 예매했습니다.
I reserved a seat.

그다음 기차에 타서 같은 좌석에 앉으면 되나요?
If I take the next train, do I sit in the same seat?

기차가 얼마나 지연되고 있나요?
How long is my train being delayed?

다음 기차에 이 표를 사용할 수 있도록 해주셔야죠.
I should be able to use this ticket on the next train.

다음 기차를 타는 대신 출발일자를 변경할 수 있나요?
Could I change the departure date instead of taking the next train?

여행작가가 실제 여행하며 듣고 말한 표현들을 한 권에!
단기 여행은 물론 장기 여행에 필요한 표현까지 한 번에!

+ more expressions

I don't know that my gate had been changed.
게이트가 바뀐 걸 몰랐어요.

The bus left one minute early.
버스가 1분 일찍 떠났어요.

The platform information changed at the last minute and I missed my train. It takes 15 minutes from platform 1 to platform 17. How can you do this?
플랫폼 정보가 마지막 순간에 바뀌어 기차를 놓쳤어요. 플랫폼 1에서 플랫폼 17까지는 15분이나 걸리는데요. 어떻게 이럴 수 있죠?

I should be able to use this ticket on the next train.
다음 기차에 이 표를 사용할 수 있도록 해주셔야죠.

I missed my flight.
비행기를 놓쳤습니다.

Do I need to go to the airline office or the check in counter?
항공사 사무소로 가야 하나요, 아니면 체크인 카운터로 가야 하나요?

I paid ten more dollars to reserve my seat. If I can't reserve a seat on this train then do I get back the ten dollars?
좌석을 예약하느라 10달러를 더 지불했습니다. 이 기차에서는 좌석을 예약할 수 없다면 10달러는 돌려받나요?

My train got canceled. Can I change the departure date instead of taking the next train?
제 기차가 취소되었습니다. 다음 기차를 타는 대신 출발일자를 변경할 수 있나요?